청소년이 읽고 청소년이 쓰다
명저 감상문 엮음

초판 1쇄 발행 2023년 6월 14일

지은이 윤동규(뉴젠리더십학교)
펴낸이 장길수
펴낸곳 지식과감성#
출판등록 제2012-000081호

교정 김서아
디자인 오정은, 정윤솔
편집 정윤솔
검수 김지원, 이현
마케팅 정연우

주소 서울시 금천구 벚꽃로298 대륭포스트타워6차 1212호
전화 070-4651-3730~4
팩스 070-4325-7006
이메일 ksbookup@naver.com
홈페이지 www.knsbookup.com

ISBN 979-11-392-1137-5(03810)
값 12,000원

- 이 책의 판권은 지은이에게 있습니다.
- 이 책 내용의 전부 또는 일부를 재사용하려면 반드시 지은이의 서면 동의를 받아야 합니다.
- 잘못된 책은 구입하신 곳에서 바꾸어 드립니다.

지식과감성#
홈페이지 바로가기

뉴젠리더십학교 윤동규

청소년이 읽고 청소년이 쓰다

명저 감상문 엮음

지식감정#

목차

수레바퀴 아래서 ◆ 6

동물농장 ◆ 10

검찰관 ◆ 15

압록강은 흐른다 ◆ 20

변신 ◆ 24

허삼관 매혈기 ◆ 28

이방인 ◆ 32

데미안 ◆ 36

인간 실격 ◆ 39

사양 ◆ 43

참을 수 없는 존재의 가벼움 ◆ 47

말테의 수기 ◆ 51

좁은 문 ◆ 54

위대한 개츠비 ◆ 58

첫사랑 ◆ 60

노인과 바다 ◆ 64

호밀밭의 파수꾼 ◆ 67

페스트 ◆ 70

그 후 ◆ 74

톰 소여의 모험 ◆ 78

다섯째 아이 ◆ 82

백년의 고독 ◆ 85

북호텔 ◆ 89

크리스마스 캐럴 ◆ 91

나사의 회전 ◆ 94

적과 흑 ◆ 96

클링조어의 마지막 여름 ◆ 100

인생 ◆ 102

어린 왕자 ◆ 105

홍길동전 ◆ 108

반쪼가리 자작 ◆ 111

파리대왕 ◆ 114

황제를 위하여 ◆ 118

밤으로의 긴 여로 ◆ 121

노르웨이의 숲 ◆ 124

싯다르타 ◆ 128

안개 ◆ 131

나의 라임 오렌지나무 ◆ 135

광란자 ◆ 139

오늘을 잡아라 ◆ 142

혈의 누 ◆ 145

▲ 수레바퀴 아래서

헤르만 헤세

　한스 기벤라트는 자연을 좋아하고, 낚시를 즐겼던 순수한 어린아이였다. 타고난 공부 머리가 있었던 그였기에 긴 준비 기간을 거쳐 신학교 시험에 통과한다. 하지만 신학교에서의 생활은 그의 순수함과 반대되는 모습이었다. 그럼에도 그는 신학교 생활을 견뎌 낸다.

　그는 학교 재학 도중 반항적인 시인 친구 헤르만 하일러를 만나게 된다. 처음에는 그의 반항적인 태도가 불편해서 쉽게 다가가지 못했지만, 시간이 흐를수록 점차 그에게 감화된다. 하일러는 반항적인 태도를 유지하다가 다른 친구들한테도 왕따를 당하게 되고, 학교에서 정한 금지 사항들을 쉽게 어겼기에 선생들에게도 무시를 받다가 결국 자퇴하게 된다.

　한스는 학교에 처음 입학했을 때만 해도 학교에서 공부를 잘하는 축에 속했지만, 하일러의 태도에 물들어 그 또한 학교의 여러 금지 사항들을 점차 지키지 않게 되었고, 결국 학교를 견디지 못하고 휴학을 가장한 사실상의 자퇴를 한다.

이후에도 한스는 연애를 하거나, 목수 일을 하면서 삶을 이어 가려 했다. 하지만 그는 학교를 그만둘 때 주변 사람들의 시선에 대한 부담감으로 인해 이미 정신이 피폐한 상태가 되어 있었고, 그 누구도 그의 상태를 치유해 줄 수 없었다. 사귈 수 있다고 생각했던 여자는 그저 스쳐 지나간 여자였고, 이전까지 학교에서 앉아만 살아 몸이 강직하지 않았던 그에게 목수 일은 고단했다. 목수 일을 끝마치고 술집에 가서 술을 상당히 마셨던 그는 다음 날 강에서 시체로 발견되며 소설은 끝이 난다.

그의 삶은 보수적인 사회의 아이들을 보는 것 같다. 정해진 길을 향해 나아가는 것만을 종용하는 사회 분위기, 그 길을 벗어나는 것을 용납하지 않는 어른들이 많이 있다. 하지만 모든 사람이 그 길을 올바르게 걸어갈 수 있는 것은 아니다. 자신만의 길과 어른들의 길 사이의 괴리에서 아이들은 혼란을 겪는다. 과거, 한국 사회가 이러한 모습을 가지고 있었다. 현대에 와서는 그러한 모습이 약해졌고, 많은 어른들이 아이들의 길과 자신들이 생각하는 길의 괴리를 인정해 주고 있다고 생각한다. 하지만 한스처럼 사는 아이들도 여전히 존재한다.

나는 2020년에 중학교 2학년을 끝으로 자퇴를 했다. 엄마는 내가 초등학교에 다녔을 때 대안 학교에 대해 몇 번 물어봤고, 중학교에 와서는 묻는 것을 멈췄다가 2학년이 끝날 때쯤 다시 물어봤다. 엄마는 대안 학교 교장에게 나를 대안 학교로 보내 보라는 권유를 받았고, 나는 그 권유에 응했다. 중학교 졸업 자격과 고등학교 졸업 자격은 검정고시로 통과했다.

 초등학생 때부터 속독 학원을 다니며 여러 재밌는 소설책들을 읽었고, 읽은 책들을 바탕으로 글을 썼다. 선생님은(지금은 현재 다니는 대안학교의 교장선생님) 내 글을 좋게 봐 주셨고, 가끔 시간이 될 때면 글에 대한 조언을 해 주셨다. 그렇게 초등학교 6학년 때부터 5년 동안 썼던 독서록을 정리해 전라남도 으뜸 인재에 지원했다. 그리고 지금은 합격 후 받은 장학금으로 출판할 책에 들어갈 독후감 몇십 편을 선정해 다듬고 있다.

 나는 일반적인 친구들과는 완전히 다른 길을 가고 있기에,《수레바퀴 아래서》를 읽으며 주인공 한스의 삶이 더 안타깝게 느껴졌다. 이 책을 읽으면 사회 분위기의 폐쇄성과 강제성이 느껴지며, 동시에 그것들을 무시하고 살아가기에 나는 너무 작다는 것도 느껴진다.

 물론 내가 일반적인 초중고 졸업의 과정을 지난 것이 아니라 자퇴 후 검정고시라는 단계를 밟았기에 몇 년간의 삶은 바뀌었다. 그럼에도 나는 어쩔 수 없는 대한민국 학생이기에 이 사회의 정서와 사회의 어른들이 정해 둔 길을 떠나 새로운 길을 개척하는 것이 가끔 불안하다. 자퇴를 한 지 꽤 오래됐다고 할 수 있지만 아직도 이 생각은 내 머릿속에 남아 있다.

내 인생은 내가 개척한다는 말은 수없이 들어 봤지만, 그런 말을 하며 인생에 대해 훈수를 두는 사람들 역시 남의 인생이다. 내 인생의 모든 것들을 내가 선택하는 것은 엄청난 자유로움이다. 하지만 큰 자유에는 큰 책임이 따른다는 말이 있듯이, 이 길은 큰 불안정성을 지닌다. 외부에서든, 내부에서든 심리적으로 부담감이 되기 때문이다. 15년 동안 열심히 살아 본 기억이 없는 나로서는 이 부담감이 상당히 크다.

이 소설의 작가인 헤르만 헤세도 주인공 한스처럼 자신이 다니던 신학교에서 시인이 되겠다는 일념하에 자퇴를 신청하고 스스로 공부했고, 또한 기계공으로 몇 년간 살았다고 한다. 이 책은 헤세의 자전적인 소설인 셈이다. 하지만 끝내 강가에서 자살한 한스와 달리 그는 정신적 고난을 이겨 내고 좋은 글을 썼던 작가로서 살아갔다.

전라남도 으뜸 인재의 120명에 처음 합격했을 때는 기뻤지만 지금은 그 결과물을 내야 할 차례였다. 평생 책 읽고 생각을 간단히 정리한 정도에서 그쳤지만, 지금은 조금 더 글을 다듬어야 한다. 이 책을 세상 밖으로 내보내는 일이 내 인생과 다른 이들의 삶에 어떤 영향을 끼칠지는 모르지만, 부디 좋은 영향을 끼칠 수 있었으면 좋겠다.

▲ 동물농장

조지 오웰

《동물농장》은 1945년에 영국에서 출판되었다. 1945년은 제2차 세계대전의 끝자락이었으며, 소련과 미국, 영국 등의 나라가 모인 연합국이 추축국 독일과 일본을 몰아내기 직전이었다. 영국 작가였던 조지 오웰이 이 책을 출판하려고 하자, 영국 정보부는 직접 출판사에 압력을 넣었다. 이는 《동물농장》이 내용이 영국과 우호적인 관계를 맺고 있던 소련의 체제인 공산주의를 비판하는 내용이었기 때문이다.

《동물농장》을 쓴 오웰은 사회주의자였지만, 스탈린과 같은 공산주의들과 함께 스페인에서 파시즘 세력과 싸우다 배신당한 적이 있었다. 그는 공산주의와 싸울 생각은 추호도 없었고, 함께 힘을 합쳐 파시즘을 상대로 싸울 생각만 가지고 있었다. 하지만 공산주의자들은 악의적인 기사와 선동을 통해 오웰이 입대했던 사회주의 세력의 일부를 불법적인 단체로 만들었다. 이러한 공산주의자들의 태도에 분노해 그는 《카탈로니아 찬가》라는 책을 냈었다. 그리고 이어서 낸 책이 《동물농장》으로, 이 소설은 그의 대표작이자 반공주의를 표방하는 소설로 고전이 되었다.

자신들의 주인 존스가 자고 있는 밤, 존스의 농장에서 살고 있던 모든 동물들이 헛간에 하나둘씩 모였다. 연로한 돼지 메이저의 연설을 듣기 위해서였다. 메이저는 고통받는 동물들을 위해 인간을 몰아내고 동물들의 세상을 세워야 한다고 말했다. 그는 인간들은 비생산적이고 폭력적인 존재들이며, 할 줄 아는 것은 생산적인 동물들을 착취하는 것밖에 없다고 말했다.

메이저는 얼마 지나지 않아 죽지만 그의 사상을 이어받아 몇몇 돼지들이 존스에 대한 혁명을 준비한다. 존스의 게으름으로 하루 종일 아무것도 못 먹은 동물들은 결국 존스를 몰아내고, 존스의 농장에서 동물 농장으로 이름을 바꾸어 자신들의 농장을 세운다. 그리고는 십계명을 세워 따르게 한다. 메이저가 말한 모든 동물들은 평등하다는 동물주의의 원칙에 따라 돼지들이 만든 십계명은 인간들의 행동 양식을 반대하는 내용들로 차 있고, 같은 동물들끼리도 서로 높낮이 없이 평등하다는 내용으로 쓰여 있다.

동물들은 여전히 열심히 자신의 일을 해낸다. 과거에는 자신이 생산한 것들을 인간이 다 가져갔었다. 하지만 이제는 그들 스스로 먹을 수 있도록 전부 배급한다. 동물들은 자신이 노동한 대가를 그대로 돌려받을 수 있게 되는 것에 행복해했다. 혁명을 일으킨 주체이자 십계명을 만든 돼지들이 두뇌 활동을 해서 존스의 습격을 방지해야 한다는 명목으로 사과와 우유를 가져가긴 했지만 말이다.

하지만 돼지들의 욕심은 거기에서 그치지 않았다. 우두머리 격이었던 두 돼지, 나폴레옹과 스노볼은 권력 쟁탈전을 벌였다. 스노볼은 풍차 계획을 수립해 풍차를 세우면 동물들이 더 편하게 살 수 있다는 주장을 하며 동물들의 지지를 얻는다. 하지만 나폴레옹은 뒤로 개 몇 마리를 키워 기회만 되면 스노볼을 동물농장에서 몰아내려고 했다. 그리고 스노볼이 풍차 계획을 발표하자마자 나폴레옹은 개들을 풀어 스노볼을 동물농장에서 방출시키고, 나폴레옹은 스노볼이 자신의 계획을 훔쳤다고 선동하며 스노볼의 계획을 이용한다.

나폴레옹은 동물주의와 어긋난 행동을 하나둘씩 해 가지만, 누군가 이의를 제기할 때마다 교묘하게 말을 꾸며 내 자신들의 행동을 정당화시킨다. 다른 동물들을 숙청하거나, 동물주의의 평등을 상징하는 회의나 혁명곡을 차례대로 금지했다. 급기야 메이저가 가장 경계한 '인간 문명'마저 손을 대기 시작했다. 그럼에도 나폴레옹을 중심으로 한 돼지들은 이 모든 행동은 자신들이 '특별하고 위대한 존재'이기 때문이라는 것으로 합리화했고, 또 자신들에 대한 동물들의 지지가 떨어질 때마다 숙청한 스노볼을 인간의 편이라고 선동해 외부의 적을 막으려면 우리밖에 없다고 변명하며 인간 문명을 누린다.

2022년 11월 15일부터 중국에서는 정부에 대한 반발로 시위가 발생했다. 시위가 발생하기 직전, 중국 정부에서는 제로 코로나 정책을 꾸준히 시행했다. 제로 코로나 정책은 강경한 방역 대책을 중국 정부에서 정책화시킨 것으로, 당연히 사람들의 삶을 피폐하게 만들었다. 3번째로 연임하는 시진핑을 보고 중국 국민들은 그 여파를 막고자 민생을 위한 정책을 풀 것이라고 생각했다. 하지만 시진핑과 공산당은 여전히 절대적인 힘을 바탕으로 강경한 대책을 유지해 백성들의 삶을 피폐하게 만들었다.

제로 코로나 정책으로 인한 민생 착취, 언론과 인터넷 검열, 시진핑의 3연 연임으로 누적된 시민들의 불만이 합쳐져 발생한 시위였다. 그럼에도 중국 정부는 이를 적극적으로 해결하기는커녕 군대와 경찰들을 동원해 시민들을 진압하는 데 주력하고 있었다. 또한 언론과 인터넷 검열은 당연하다는 듯이 적극적으로 실행해, 시위를 벌이는 사람 외의 사람들이 저항의 필요성을 알지 못하게 하고 있다. 오웰은 《동물농장》에서 이러한 공산주의 체제의 문제점에 대해 풍자했다. 그리고 다음 소설인 《1984》에서 다시 한번 현 중국과 같은 사회를 소설에 적나라하게 써내, 그러한 사회의 폐쇄성과 위험성에 대해 경고했다.

중국은 미국과 비견될 정도의 초강대국이자, 대한민국의 수출과 수입 순위가 전부 1위인 나라이다. 그렇기에 중국은 우리에게 필요한 존재이긴 하나, 동북 공정이나, 한국의 문화인 한복이나 김치 등을 멋대로 중국 문화로 여기려는 태도, 공산주의 사상으로 인해 자문화 중심주의를 가진 몇몇 시민들은 중국이라는 나라의 이미지가 한국인들을 포함해 세계적으로 비호감이 되게 하는 데 일조하고 있다.

한국인, 일본인 등의 타국민들에게 민폐를 끼치는 것은 물론 자국민에게도 모순된 사상을 받아들이게끔 하는 공산주의 사회 방식에 근거한 자문화 중심주의는 경계해야 하며, 또한 그들의 강압적이고 폭력적인 힘과 선동으로 백성들을 다스리는 독재 역시 경계해야 한다. 한국 역시 정부가 있는 이상 삼권 분립이 되어 있어도 끊임없이 경계해야 하며, 강압적인 정책이나 언론의 선동으로 인한 희생양이 내가 되지 않도록 민주주의에 대해 정확히 기억해야겠다고 생각했다.

　《동물농장》은 이 사실을 동물에 비유해 유머러스하면서 진지하게 풀어 낸 소설이라 생각한다. 내가 읽은 소설들 중 가장 여러 번 읽은 소설이었고, 반복해서 읽었던 시기가 초등학교 6학년이었는데 그 나이에도 이해할 수 있을 만큼 스탈린주의의 이상과 한계를 쉽고 재밌게 보여 준 소설이라고 생각한다.

▲ 검찰관

니콜라이 고골

　니콜라이 고골은 표도르 도스토옙스키, 레프 톨스토이와 같은 수많은 유명 작가들이 활동했던 19세기 러시아의 작가이다. 1809년에 태어난 그는 42살에 죽어 얼마 못 살고 세상을 떠났지만, 42년이라는 짧은 인생 동안 많은 극과 소설들을 써냈다. 그의 대표작이라고 할 수 있는《검찰관》외에도《디칸카 근교 마을의 야회》,《코》,《외투》등의 작품들을 집필해 러시아 내에서는 높은 수준의 명성을 가진 작가이다. 하지만 한국에서는 레프 톨스토이, 표도르 도스토옙스키등과 같이 비슷한 시기에 활동한 작가들에 비해 인지도가 부족한 편이다.

　그는 젊었던 시절에 작가가 아닌 정치인이 되고 싶다는 꿈이 있었다. 하지만 그는 인맥도, 돈도 없었기에 정치인이라는 꿈을 반쯤 강제로 포기하게 된 후 작가로 나서게 된다. 정치인이 되기 위한 가장 중요한 것이 인맥과 돈이라는 현실에 좌절한 그는 이후 후기 러시아 제국을 풍자하며 당시 만연하던 지배층의 비도덕적인 모습과 부정부패를 풍자했다. 이는 그의 작품《검찰관》에 희극적으로 나타난다.

최하위 계급의 관리인 14등관 관리인 흘레스타코프는 도박으로 돈을 다 잃고, 여관에서 무전취식을 당당히 하는 한량이었다. 당연히 이를 용납할 리 없는 여관 주인이었기에, 그는 쫓겨날 위기에 처했다. 하지만 공교롭게 검찰관이 주인공이 있는 마을에 파견됐다는 소문이 들렸던 것이 그에게 행운이었다. 이로 인해 마을은 긴장 상태가 되어 자신들의 치부를 감추고자 여러 대처를 했고, 그 와중에 어떤 두 사람이 흘레스타코프를 검찰관으로 오해하게 된다.

착각한 그 두 사람의 말을 듣고 자신을 검찰관으로 착각해 극진히 대접하는 시장의 모습을 보고, 그는 눈치 빠르게 상황을 파악해 주변 사람들에게 사기를 친다. 그는 여러 사람들이 자신에게 아부를 떨면서 잘 보이려 하는 것을 이용해 돈을 빌려 달라는 명목으로 엄청난 돈을 얻는다. 또한 시장의 딸과의 결혼을 제안하는데, 검찰관과 결혼하는 것은 신분 상승의 기회였기에 시장은 당연히 결혼을 허락해 주었다.

흘레스타코프가 떠나고 난 후인, 결말 부분에 가서야 그가 친구에게 쓴 편지의 내용으로 그가 검찰관이 아니었고, 여태까지의 행동이 순 사기꾼 행동이었다는 것이 밝혀진다. 사람들이 당황해 각자에게 책임을 묻던 도중에 진짜 검찰관이 마을로 오게 되자 책임을 묻던 모든 사람이 놀라는 것으로 이야기가 마무리된다.

흘레스타코프가 머물렀던 마을의 시장은 자신이 높은 직급의 검찰관이라 생각한 주인공에게는 온갖 아부를 떨고, 400루블을 빌려 달라는 주인공에게 선뜻 주는 모습에서 뇌물을 바치는 악인이라는 것이 드러났다. 또한 주인공한테는 빌빌 기지만, 자신의 딸이 주인공과 약혼해 신분이 상승되었다고 생각하자 바로 시민들의 요구를 내친다. 즉 그의 모습은 강한 신분인 검찰관한테는 약해지지만, 약한 신분인 시민들에게는 당당해지는 그의 모습은 전형적인 강약약강의 악한 정치인의 모습이다.

 이 모습을 보면서, 우리는 부패한 고위 공직자가 최근에 생긴 것이 아닌, 200년 전부터 전혀 개선되지 않은 채 민주주의가 이룩된 현재까지 이어져 오고 있다는 것을 알 수 있다. 그나마 민주주의의 수립으로 인해 작중 시장과 같이 고위 공직자들은 현대에는 자신이 청렴하고 뛰어나다고 말하고 다니며 선거 기간에는 그나마 좋은 모습만 보여 주기는 한다. 하지만 그것은 시민들이 표를 가지고 있어 자신보다 권력이 강한 상황일 때만의 얘기이다.

 막상 고위 공직자의 위치에 오르면 종종 뉴스에 오를 정도의 범죄를 아무렇지도 않게 저지른다. 그러고 나서는 반성한다고 말하지만, 어지간하면 대중들의 관심을 크게 받았을 때만 말만으로 잘못을 외친다. 위법이 아닌 이상 어떠한 행동도 보이지 않는 것이다. 설령 위법이라고 해도 호화로운 변호인단을 세우고, 3심을 꽉 채우는 등 최대한 처벌을 약하게 받으려고 노력하는 경우가 대부분이다.

200년 전에는 이러한 부패를 막을 수단이 없었지만, 그나마 현대 대한민국 사회에서는 민주주의가 발전해 과거 봉건주의 사회보다 정치인들의 힘이 크게 약해져 더 이상 국민들을 자신들의 공권력으로 제압하는, 과거 독재 시절의 행패는 부릴 수 없게 되었다. 또한 매체의 발전으로 정치인들의 과오도 더 쉽고 빠르게 알 수 있게 되어, 더 이상 과오를 은폐하기 어려운 환경이 되었다.

　　하지만 민주주의가 발전으로 생긴 다당제로 인해 사람들마다 서로 지지하는 정당의 이념이 생겼다. 다당제로 발전적인 경쟁을 할 수 있다면 좋겠지만, 현 대한민국의 정치는 서로의 부정적인 모습만 지적하며 싸우고, 철저히 이권을 쟁취하기 위해 경쟁을 한다. 고위 공직자로서 책임져야 하는 문제들에 대해서는 무관심하다. 또한 인터넷의 발전은 양날의 검으로, 여러 유용한 정보들이 들어오는 것은 좋지만, 왜곡된 정보나 잘못된 정보가 들어올 수도 있다. 그러한 정보들을 퍼뜨리는 사람들은 대개 이성적인 판단을 방해하고자 퍼뜨리기에, 선뜻 믿어 버린다면 결국 선동하고자 하는 대로 되는 것이다.

　　이러한 내용을 썼지만, 나 역시 그러한 범위에 포함될 수 있으며 때로는 이성적인 생각에서 벗어날 수 있도록 유도한다. 대한민국이 독재 시절이었던 때, 열심히 정부의 압력적인 정책에 투쟁하며 시위하던 사람들이 있었다. 그들의 시위가 헛되지 않도록, 나 스스로 이성적으로 민주주의를 최대한 이용하는 것이 필요하다 생각했다. 만일 그러한 생각을 무시한 채 위 부작용과 같은 사례의 악한 행동에 걸려들거나, 혹 그러한 행동에 동조한다면 작중 시장과 아부한 사람들처럼 웃음거리가 될 뿐이라고 생각한다.

▲ 압록강은 흐른다

이미륵

나는 일제강점기와 상관이 없는 사람이다. 주름이 얼굴 여러 곳에 생기셨고, 나이도 여든을 넘기신 내 조부모께서 어린아이였던 때가 일제강점기였으니, 아주 오랜 시간이 지난 셈이다. 사실상 내 조부모께서도 일제강점기의 고통을 제대로 겪지 못했을 것이다. 그렇기에 그분들과 아예 다른 세상을 살아가고 있는 나는 그때의 아팠던 고통을 느끼지 못한다. 그나마 남아 있는 자료를 활용한 학교에서의 역사 공부로 확인만 할 수 있는 정도이다. 이는 나뿐만 아니라, 1970년대에 태어나신 내 아버지 세대까지도 통용되는 말이다.

여러 대중 매체 생산자에게도, 역사학자들에게도, 그리고 일반적인 사람들에게도 일제강점기는 흥미로운 주제이자 중요한 주제이다. 역사학자들은 일제강점기를 꾸준히 연구하며 일본의 만행이나 독립운동가들의 독립운동의 활동을 상세히 밝히고 있다. 이러한 역사학자들의 연구를 바탕으로 영화, 드라마 등과 같은 여러 대중 매체에서도 의협심을 지닌 독립운동가의 모습, 위안부와 같이 일제의 체계적인 괴롭힘에 고통받는 사람들의 모습을 보여 준다. 이는 많은 사람들이 관심 있고, 좋아하는 주제 중 하나이며, 대표적인 인기작으로는 〈암살〉, 〈밀정〉, 〈봉오동 전투〉, 〈덕혜옹주〉 등이 있고, 영화를 별로 좋아하지 않는 나도 〈암살〉과 〈봉오동 전투〉는 봤다.

 소설 《압록강은 흐른다》 역시 일제강점기 시대를 살아간 주인공 미륵의 삶을 보여 준다. 하지만 그는 독립운동가처럼 독립운동을 위해 자신의 삶을 바치지도 않았고, 위안부와 같이 일제에 의해 극심한 고통을 받지도 않았다. 그래서인지 드라마로까지 제작되었음에도 위 작품들과 다르게 인지도가 그렇게 높지 않다.

 하지만 그렇기에 우리는 그의 삶에 더 이입할 수 있었다. 혼란한 시대 속에서도 그는 평범하게 공부했다. 대학을 다니던 도중 3.1 운동과 대한 청년 외교단에 잠깐 참여하다가 일제에 쫓기는 신세가 되긴 했다. 하지만 우리가 흔히 아는 이봉창, 윤봉길과 같이, 자신의 목숨까지 바쳐 독립운동을 한 독립운동가들만큼 적극적으로 독립운동을 하진 않았다. 독립운동가, 위안부에 비해 무난한 삶이었던 것이다. 우리가 대중 매체에서 보는 독립운동가들의 비장한 모습과는 사뭇 다른 모습이다.

 그는 당시 사람들의 삶에 대해 썼다. 작중 이미륵이 살던 시대의 주요 역사적 사건이었던 국권 피탈도 이야기의 일부로, 그저 하나의 사건으로만 다루어지고 넘어간다. 그러한 역사적 비극을 진지하게 다뤄 알리기보다는 자신의 분신이나 다름없는 '미륵'을 내세워 아버지와 노는 모습, 신학교의 학문을 배워 그것에 대해 아버지와 나누는 모습 등 아버지와의 관계가 더 많이 나온다. 일제에 의해 나라를 뺏긴 것보다 아버지가 죽을 정도로 건강이 안 좋았을 때 그것에 더 슬퍼했다. 작품 속 미륵의 아버지도 그의 아들을 신학교에 보내는 등 세상 돌아가는 일을 결코 모르는 사람이 아니었다. 하지만 그는 독립운동보다는 자신의 아들을 좋게 키우는 데 힘을 다했다. 일제강점기의 내선일체로 일본어로 교육받아야 하는 상황에, 미륵은 교사들에게 저항하고 한국어로 꿋꿋이 공부한다는 모습보다는 시골로 돌아가 쉬는 모습을 보여 준다. 정의감은 있지만, 현실에 굴복할 수밖에 없는 우리는 미륵의 모습에 동질감을 느낀다.

일제강점기 때 활약했던 독립운동가들의 모습이나, 일제강점기 때 일본에게 씻을 수 없는 피해를 받았던 사람들의 모습도 우리가 기억해야 할 역사인 것은 맞다. 하지만 그것들은 너무 극적이고 강렬한 모습이어서 우리에게 와닿지는 않다. 그에 비해《압록강은 흐른다》에서는 누구나 공감할 수 있는 '아버지와의 유대감'을 메인 주제로 내세워 이야기에 집중하게끔 하고, 서브 주제로 일제강점기 시대의 모습을 보여 준다.

내 생각에 미륵의 모습이 공감을 유발하는 측면에서는〈암살〉과 같은 영화보다 더 나은 것 같다.〈암살〉에서 느낄 수 있는 감정은 존경심의 측면이지, 공감이 아니기 때문이다. 나라의 비극적인 상황을 알고 있음에도 그곳에서 살아갈 힘조차 없었던 미륵이다. 어쩔 수 없이 독일로 떠난 채 가족을 그리워하는 미륵, 그리고 그곳에서 처음으로 편지를 받았다. 그때 그 편지가 엄마의 죽음을 알리는 편지였다는 것으로 끝나는 장면은 현실적이면서도 깊은 여운을 남겼다.

🔺 변신

프란츠 카프카

인간에게는 자신의 삶을 이끄는 것이 필요하다. 자신의 삶을 붙잡아 주는 것이 불완전하다면, 그 삶은 고통스러운 길임이 틀림없다. 또한 나는 분명 삶이라는 길의 길가에서 적어도 한 번은 실수로 넘어질 일이 생길 것이라고 확신한다. 만일 붙잡는 것이 없다면 넘어지는 순간 일어나지 못할 것이다. 암울한 비유다. 반면 자신의 삶을 붙잡는 것이 확실하다면, 그 삶이 고통스럽더라도 언제든지 일어날 수 있을 것이다. 《변신》은 이러한 내 생각을 반증하는 소설이다. 삶을 지속할 수 있는 붙잡을 무언가의 부재로 생긴 고독과 절망감을 벌레로 변한 외판 사원이라는 주제로 풀어 낸 소설이다.

주인공 그레고리 잠자는 평범한 외판 사원이었다. 그의 아버지는 오래전에 직장을 잃고 백수가 되었다. 그랬기에 그는 집에서 유일하게 일하는 사람이었다. 일하는 것이 힘들더라도, 그는 자신이 없으면 집안 형편이 어려워지기 때문에 열심히 일한다. 이러한 열심히 살아가는 모습은 내가 생각하는 평범한 사람들의 모습이다. 나도, 내 가족도, 내 급우

들도, 내 선생님들도 전부 다 해당되는 모습이다. 그러한 모습은 넘어지 더라도 다시 일어날 수 있게 해 주는 것들이 자신이 걷는 것을 보고 있기에 저버리지 않고자 다시 힘든 길을 걸어가는 모습이었다.

어느 날, 그레고리는 벌레가 된다. 벌레가 됨으로써 그는 외판 사원 일은커녕 제대로 밥을 먹는 것조차 힘들어졌다. 이 상황으로 그는 가족의 생계를 책임지는 사람에서 가족들에게 빌붙어 사는 처지가 되었다. 여전히 동생의 바이올린 연주 소리는 들을 수는 있었지만 더 이상 동생의 바이올린 연주인으로서의 삶을 지원해 줄 수는 없었다. 가족들은 더 이상 그에게 의존하지 않고 오히려 집안 형편이 어려워져 그를 제대로 챙겨 주지도 않았다. 그는 더 이상 자신의 삶을 이끌어 주는 것이 없어진 것이다.

자신의 무능력함과 역겨운 외관에 주위 사람들이 하나둘씩 떠나는 상황에 그는 절망했고, 얼마 지나지 않아 가족들의 푸념 도중 그의 아버지가 모든 잘못을 자신에게 돌리며 사과 한 알을 던진다. 인간이었던 시절의 그레고리 잠자라면 그냥 기분만 나쁘고 말았겠지만, 지금은 작은 벌레에 불과했기에 사과 한 알에 맞는 것은 치명상을 일으킬 수 있었다. 그는 결국 던진 사과에 맞아 생긴 상처의 악화로 죽게 되고, 일반적인 다른 벌레들처럼 쓰레받기에 쓸려 버려진다. 마지막 장면인 가족들이 주인공의 죽음을 알게 되자마자 아무렇지 않게 살아가는 모습에서 그의 삶이 더 안타깝게 느껴졌다.

이미 생긴 삶의 목적을 강제로 잃는 것은 부담스러운 일이었다. 나도 종종 나름 내 삶의 목표로 정해 둔 글쓰기에 대한 회의를 가지게 되는데, 그러할 때마다 글 쓰는 것이 아무런 의미도 가지지 못하는 것 같은 불안한 느낌이 자꾸 찾아왔다. 나는 자판을 계속 두들기면서 어떻게든 내 머리를 회전시켜 끊임없이 불안감을 줄일 수 있지만, 그는 벌레의 몸이었기에 어떠한 새로운 삶의 목적조차 찾을 수 없는 상황이었다. 이러한 사실은 소설을 읽기 부담스러울 정도로 절망적이게 만들었다.

　육체는 작동 기한이 한정적이기에 언젠가 그 작동이 멈추지만, 그렇기에 그 과정은 빛이 난다. 과정은 되풀이되지 않고 영구적인 것으로 남게 된다. 우리의 육체가 작동하는 동안의 목적을 어떠한 것에 두느냐에 따라 우리의 삶을 영위시킬 수 있다. 목적이 분명하지 않거나, 단편적인 것에 그치게 된다면 목적을 잃기 쉽게 되고, 그것은 곧 스스로 육체의 전원을 끄는 행동을 불러 온다.

　대개 쾌락적인 삶을 추구하는 사람들이 이러하고, 나 역시 쾌락을 좋아하는 사람이다. 내 불안감은 아마 글을 쓴다고 말하고 쾌락적인 욕구를 계속해서 좇아가는 것에서 우러나온다고 생각한다. 글을 쓰는 것은 피곤한 일이었지만, 감자칩을 먹는 일, 게임을 하는 일, 운동을 하는 일, 노래를 듣는 일은 기분 좋은 일이었기 때문이다. 하지만 이런 일들은 결국 인생의 근본적인 목표를 채울 수 없기에, 앞에서 말했던 것처럼 필수적으로 불안감이 쾌락을 다시 덮게 된다.

《변신》은 삶의 목적에 대해 쓴 책이라고 생각한다. 작가가 그레고리를 벌레로 변하게 한 것은, 삶의 목적을 분명하게 잡지 않은 채 살아가다 넘어진 상황을 비유한 것이라고 생각한다. 그가 벌레로 변했을 뿐인데도, 즉 길가에 넘어졌을 뿐인데도, 가족의 태도는 의지에서 혐오로 변한다. 우리의 인생에서도 이러한 모습은 자주 드러난다. 삶의 목표를 향해 나아가도 때로는 절대 지나갈 수 없는 벽이 나를 가로막는 느낌이 들 때가 있다. 그럴 때를 대비해야 한다는 것이 이 소설이 주는 가르침이라고 생각한다. 넘어질 때 일어설 수 있는 것을 나는 글에서 찾고 있다. 언젠가 찾을 수 있을 것이라 생각하며 지속적으로 쓰자.

▲ 허삼관 매혈기

위화

현재 한국에서 매혈은 불법이다. 하지만 과거에는 정부에서 매혈을 그렇게 강하게 규제하지 않았기에, 많은 사람이 매혈을 하곤 했다. 1964년 일본에서 간염에 걸려 있던 사람의 피를 멋모르고 받은 미국 대사관으로 인해 나라가 뒤집어지는 일이 발생했다. 이로 인해 일본에서는 혈액을 파는 사람들이 주로 저소득층이고, 이들은 좋지 않은 피를 판다는 근거로 매혈에 대한 문제를 검토하기 시작했다.

이에 영향을 받았는지 얼마 지나지 않은 1975년 혈액관리법 3조의 재정으로 인해 대한민국에선 완전히 매혈이 금지되었다. 하지만 1990년대 후반까지는 몰래 이루어지곤 했다. 매혈을 하면 상당한 수준의 돈이 되었기에, 건강 관리만 잘하면 매혈로 꽤나 돈을 벌 수 있었기 때문이다. 이는 《허삼관 매혈기》의 가장 허삼관의 모습에서도 나타난다.

《허삼관 매혈기》는 제목에서 나타나듯, 이 소설에서도 허삼관이라는 사람의 매혈을 하는 모습이 지속적으로 나타난다. 허삼관은 몇몇 사람들의 권유를 듣고 매혈을 한번 해 본다. 그 후 매혈로 얻는 돈이 꽤 된다는 것을 알고 계속 매혈을 하러 다닌다. 그는 평범한 노동자였기에 하루 벌어 하루 먹는 수준의 삶을 살았고, 혼기가 찰 때쯤에 마을의 여인 옥란과 눈이 맞아 결혼한 후 아들 일락, 이락, 삼락을 낳고 함께 살았다.

   그는 부유할 수 없는 노동자였기에 돈이 필요한 순간이 많았다. 첫째 아들이 남의 자식에게 상처를 내 병원비를 물어 주기 위해, 극심한 가뭄으로 매일 옥수수죽만 먹는 아이들에게 국수를 사 주기 위해, 타지에서 고생하는 아들들을 위해 그는 이 혈두라는 피 검역사를 찾아가 피를 뽑는다. 매혈을 위해 물을 많이 먹다 방광이 터지거나, 매혈 후 뇌일혈로 죽는 모습도 봤지만, 그는 자신의 몸을 스스로 돈이 나오는 나무라고 낮추며 피를 팔았다. 1년에 서너 번씩 정도 피를 뽑는 것도 건강에 좋다고 할 수 없다. 하지만 소설의 후반부에 그의 첫째 아들 일락이 큰 병에 걸려 많은 병원비가 필요해진 순간이 왔다.

   그는 일부러 여러 마을을 돌아다니면서 일락이 간 큰 병원으로 걸어가는 생각을 한다. 그렇게 하면 2달 동안 다섯 번의 피를 뽑을 수 있게 되기 때문이다. 실제로 그는 중간 중간 사람들의 도움을 받고, 저체온증이나 기절하는 등의 고통을 받으면서까지 일락의 병을 위해 다섯 번의 피를 뽑았고 마침내 일락이 있는 병원에 도착했다. 그의 매혈은 이러하듯 죽을 각오를 불사하고 전부 아들들의 양육을 위해 사용되었다.

피를 뽑는다는 주제에서 아빠가 떠올랐다. 내 아버지도 헌혈을 정말 많이 하셨고, 최근에는 대한적십자사에서 공식적으로 주는 명예장도 받아 책장에 전시되어 있다. 헌혈을 100번 이상 하면 수여되는 명예장이었다. 헌혈 주사는 일반적인 예방 주사보다 훨씬 아프다는 말을 듣고 어릴 적 나는 아빠한테 헌혈할 때 아프지 않냐고 물어봤다. 그때마다 아버지는 아무렇지 않게 아프지 않다고 말했다. 지금 생각해 보면, 나를 지금까지 키우며 회사에서 버틴 원동력에 비하면 정말 아프지 않을지도 모르겠다고 생각했다.

이 소설에서 작가가 표현하고자 한 것은 아버지의 헌신과 책임감이다. 허삼관과 같은 유형의 아버지는 내 아버지를 포함한 대다수의 아버지의 모습이다. 삶의 고된 순간을 겪으며 여러 부분에서 피폐해질 수 있다. 우리가 흔히 아는 아저씨의 외형 중 하나인 튀어나온 배나 m 자로 난 탈모 머리, 짙은 피부와 같은 고된 삶의 흔적들은 아저씨들 자신들도 좋아할 리가 없다고 생각한다. 그러한 상황에서도 아무렇지 않고 열심히 살아가는 삶의 모습이 존경받을 만한 아버지의 모습이다.

내 아버지가 피를 팔아 생계를 유지하는 것은 아니다. 매혈은 현재 불법이기에 순전히 봉사로만 그런 일을 한 것이다. 분명 건강에 좋지 않은 일임에도 순순히 희생하는 정신으로 피를 기부한 것이다. 아빠는 그러한 마음을 가지고 내 삶을 위해 살아갔을 것이라고 생각한다. 소설의 끝부분의 허삼관은 더 이상 자신이 피를 뽑아 팔지 못한다는 것에 슬퍼하는 장면에서, 그가 매혈을 하다가 쓰러진 적도 있고, 같이 매혈하던 사람들이 죽었음에도 얼마나 매혈을 통한 '아버지의 책임감'을 중시하는지 느껴졌다.

▲ 이방인

알베르 카뮈

내가 바라는 사회와 실제 사회와의 모습은 상당히 차이가 있다. 개인은 각자가 원하는 정의로운 이상을 가지지만, 실제 사회는 그런 개인이 원하는 정의로운 이상들 중 가장 보편적인 정의의 기준점을 규정해 그것을 절대적인 가치로 만든다. 현대 사회의 선진국에서는 사회 통합의 저해를 감수하고 절대적인 정의를 세우는 것을 최대한 지양한다. 개인의 삶을 최대한 존중해 주는 것이다. 하지만 한국에서는 그런 사회보다는 절대적인 가치를 세우고 복종을 요구하는 사회 분위기가 더 인정받고 있다.

그렇게 절대적인 정의를 만들어야 사회 통합에 유리했기 때문이다. 또한 대한민국은 처음 세워질 때 정말 가난한 나라였기에, 사회 통합을 이용한 나라 발전도 필요했다. 예시를 하나 들어 보면 결혼 문화가 있다. 과거에는 결혼하지 않고 홀로 살아가는 것이 사회적으로 눈치를 많이 받는 일이었다. 결혼해서 아이를 낳고, 아이를 기르는 것이 나라를 위한 일이었다.

《이방인》에서는 이러한 '보편화된 정의'에 대해 반대한다. 보편화된 정의 자체는 사회 유지를 위해 필요하지만, 그것이 개인에게 적용될 수 없다. 작가는 이러한 생각을 더 강하게 표현하고 싶었는지, 《이방인》에서는 이러한 논리가 극단적으로 묘사된다. 작중 주인공 뫼르소는 어머니를 잃었음에도 무덤덤하게 반응하고, 장례식을 치른 그날 여자 친구와 영화를 보고, 며칠 뒤에는 친구들과 해변 여행을 간다. 적어도 근대 이전의 프랑스를 비롯한 모든 국가에서는 보수적인 사회 풍조가 '보편화된 정의'였기 때문에 이는 이해되지 않는 행위였다. 여전히 보수적인 한국 사회에서도 역시 이해되지 않는 일이다.

뫼르소는 사람을 총으로 쏴 죽인 이유가 태양 빛이 내리쬐어서라는, 자신의 처벌의 경중 여부를 전혀 신경 쓰지 않는 발언을 했다. 자신의 사형 장면이 구경거리가 되는 것을, 신부에 의해 구원받는 것보다 원한다. '보편화된 정의'에 완전히 반대되는 행위만 골라서 한 것이다. 일반적으로 사람을 죽인 이유를 말하라 할 때, 우리는 최대한 자신에게 유리하게 말해 형을 최대한 낮추려 할 것이다. 또한 사형, 그것도 억울한 사형과 같은 불필요하고 강제적인 죽음 앞에서 우리는 어떻게든 구원을 받아 사후에도 좋은 삶을 살아가고 싶어 할 것이다.

뫼르소의 모습은 삶의 의지가 없기에 나타나는 것이라고 착각할 수 있지만, 그가 삶을 즐기지 않은 것은 아니다. 그는 여자 친구와 영화를 보러 가기도 했다. 친구가 자기 집에 초대했을 때도 딱히 반대하지 않고, 오히려 친구 집에서 술과 음식을 즐겼다. 그리고 먼 곳으로 여행을 간다는 말까지도 귀찮아하기는커녕 수락했다. 결정적으로, 그는 사형에 대해 포기하는 마음으로 임한 것이 아닌 사형이 큰 구경거리가 되면 좋겠다고 마지막에 말했고, 목사의 설교도 듣는 둥 마는 둥의 태도로 임하는 것이 아닌, 확실히 받지 않고자 하는 의지를 보였다.

많은 사람이 '보편적인 정의'에 타협한다. 하지만 '보편적인 정의'도 항상 정의로운 것은 아니다. 사람별로 정의의 기준이 다르기 때문에 가장 많이 나온 의견이 사회 분위기로 굳어진 것일 뿐이다. 그렇기에 분명 이를 따름에도 누군가는 부정의하다 생각하는 상황을 겪는다. 특히 이러한 문제는 새로 피어나는 문화에서 겪는다.

사회를 주도하는 중장년층들은 이해할 수 없는 문화지만, 젊은이들은 즐기는 문화들이 점점 늘어나고 있다. 그런 사회에서 젊은 사람들을 이해하는 사람도 있지만, 대부분은 그들의 문화를 쓸모없다고 여긴다. 심하면 이를 규제하는 정책에 대해서 찬성하는 사람도 생기고 있다. 많은 사람들은 이 부조리한 상황을 참는다. 대부분의 사람들이 겪는 일이기 때문이다. 사실상 중장년층 세대들도 그 윗세대들한테 자신들이 즐기는 문화를 탄압받곤 했고, 심지어 이들은 워낙 보수적인 사회 분위기에 눌려 저항해야 할 필요성조차 느끼지 못했다. 분명 주인공의 살인은 살인으로만 재판받아야 하지만, 작중 사람들은 뫼르소가 엄마가 죽은 일에 추모하지 않은 것으로 주인공의 살인의 형벌로 상당히 과한 사형을 내린 것이 바로 이런 상황을 비유해서 표현한 것이다.

 하지만 주인공은 오히려 자신의 사형에 초연하고, 당연하듯이 받아들이면서, 그것에 대해 사람들이 더 자신을 공격하기를 바란다. 그는 보편적인 정의를 추구하는 것은 더 이상 자신의 삶을 진실하게 살 수 없다 생각한 것이다. 오히려 진실하게 행동한, 정의로운 사람으로서 죽는 것이 보편적인 정의만을 추구하다가 죽는 것보다 낫다는 생각이 담겨 있다.

 어떠한 시대든 보편적인 정의는 생겨나기 마련이고, 이에 반대되는 사람도 생겨난다. 사실 주인공만큼 극단적이진 않지만 누구든 보편적인 정의가 자신이 생각한 이상과 다를 때가 있고, 나 역시 그렇다. 그럴 때마다 보편적인 정의는 이상을 막는다. 많은 사람들의 이상이 사회의 보편적인 정의에 막혔으며, 나 역시 막힌 사람 중 하나이다. 《이방인》을 읽으면서 내가 지금까지 생각했던 이상들과 보편적인 정의로 인한 현실의 괴리가 떠올랐다. 자신의 생각대로 움직이는 삶을 살아야겠다고 생각했다. 그것이 비록 사회의 정의와 다른 모습이어도, 그렇게 사는 것이 확고한 삶을 살아갈 수 있는 것이라는 생각이 들었다.

▲ 데미안

헤르만 헤세

　인간과 같은 포유동물들은 엄마의 품에서, 새와 같은 조류들은 알에서 나온다. 이는 최초의 홀로서기인 셈이다. 알이나 엄마의 품은 아기에게 따뜻하고 편안한 곳이다. 하지만 언젠가는 그곳에서 나와야 한다. 따뜻하고 편한 곳에서 있다가 춥고 힘든 세상으로 나아가는 것은 고통스러운 일이다. 하지만 우리 모두는 세상 밖으로 나와 버렸다.

　《데미안》의 주인공 싱클레어는 신실한 부모 밑에서 자란 착한 아이다. 그의 부모는 싱클레어를 정말 사랑했고, 그를 신실하고 착한 아이로 키우고자 노력했다. 정성에 보답하듯 싱클레어도 따뜻한 부모 밑에서 사랑을 느끼며 열심히 커 갔다. 하지만 다른 한쪽으로는 집 근처에 있는 부랑자나 주정뱅이들에 대해 관심을 가진다. 그의 삶과 비교해 봤을 때는 두려운 세계이며 미지의 세계이기도 하다.
　만일 그가 이 일을 겪지 않았다면, 그는 평생 그러한 세계에 대해 알지 못했을 것이다. 그는 학생 시절 재수 없이 한 일진한테 약점을 잡혀 돈을 뜯기게 된다. 약점을 걸리지 않기 위해 싱클레어는 자신이 가진 돈을 줬지만, 그 정도로는 한계가 있었다. 무리한 부탁을 하는 일진의 압박에 못 이겨 그는 부모님의 돈을 훔쳤다. 순수하고 착한 그로서는 부담스러운 일이지만, 그 과정에서 자신이 경험해 보지 못한 새로운 이면을 처음으로 발견한다.

인간에게는 누구나, 싱클레어처럼 이면이 있다. '새는 알에서 나오기 위해 투쟁한다.'라는 말처럼 말이다. 우리는 우리 내면에 있는 이면을 보기 싫어한다. 그것은 이면의 반대편으로 의식적으로 존재해 있는 현재 자신에 익숙해졌기 때문이다. 싱클레어도 자신을 괴롭히는 일진이 사라지자 바로 자신의 이면을 덮고 자신에게 익숙한 착한 아이로 돌아갔다. 하지만 그는 이후에도 여러 번 이면을 보았으며, 이면을 받아들이는 것에 대해 여러 번 고민하면서 정신적으로 고통받는다. 이면은 무시할 수 있는 것이 아니다. 그것이 아무리 자신의 의식이 거부할 정도의 혐오성을 띠고 있어도, 결국에는 자신이기 때문이다.

싱클레어가 이면을 받아들일 수 있었던 이유는 그의 친구 데미안이 있었기 때문이다. 데미안은 주인공이 자신의 악한 또 다른 이면에 고통스러워할 때마다 그 고통을 덜어 주었으며, 이면을 받아들이기 위한 시도를 돕기도 했다. 우리도 살아가다 보면 자신의 이면을 발견할 수 있다. 하지만 그 이면을 덮어 가면서 살아간다. 이면은 자신의 의식에서의 기준점과 모순된 행동을 했을 때 그것을 지적한다.

그렇기에 우리는 우리 스스로 데미안의 모습을 투영해야 한다. 싱클레어가 데미안을 친구로 두어 자신의 이면을 받아들였다면, 우리는 데미안이라는 소설을 읽을 수 있다. 소설의 마지막에 데미안은 스스로, 또 데미안과의 지속적인 교류로 이미 싱클레어는 데미안 자신과 닮아 있다고 말했다. 우리도 태어나지 않은 알에서 태어난 새끼처럼, 한 단계 더 성장하기 위해서는 이면으로 생긴 고통을 타인과 나누며 해결하고, 지속적으로 발생하는 그러한 고통을 점차 줄여 나갈 수 있도록 스스로도 노력해야 한다는 생각이 들었다.

🌲 인간 실격

다자이 오사무

    우리는 삶을 살아가며 자신의 본래 인격 외에 새로운 인격을 만들어 낸다. 우리의 자아와 사회 공동체별로 만들어 낸 사회의 자아는 그 간격이 크다. 그렇기에 우리는 사회에서 살아남기 위해 자아를 버린다. 사회의 자아는 대부분 구성원들의 최대의 행복을 기준점으로 두는 공리주의적 성격을 기본적으로 지닌다. 우리는 삶 속에서 수많은 사회 공동체 속에 속해진다. 그렇기에 자신의 자아와 차이나는 사회적 자아를 만난다면 속해 있는 동안 괴리감으로 인해 고통받을 수밖에 없다. 《인간 실격》의 주인공 오바 요조 또한 이러한 모습을 보여 준다.

    주인공 오바 요조는 보수적이고 폐쇄적인 집안에서 자라났다. 그의 가족들이 가진 보수적인 힘에 짓눌려 그는 점차 정신이 피폐해진다. 심지어는 추행을 당한 것조차도 말하기 힘든 수준으로 소극적인 성격이 되어 버린다. 그는 소극적인 자신을 극복하기 위해 억지로 자신도 보수적인 집안에 어울리는 모범생을 연기한다. 그의 가족들에게 그 연기는 어느 정도 통했지만, 그의 가족 외의 친구들에게는 약하고 고독한 소년

일 뿐이었다.

  결국 그는 자신과 극단적으로 다른 주변 분위기를 이기고자 술과 담배, 좌익 사상을 추구하게 된다. 점차 인생이 망가지는 것을 느끼면서도 그는 이러한 것들을 추종하며 느끼는 쾌락을 멈출 수 없을 정도로 자신의 자아와 사회와의 차이를 버티기 힘들어했다. 두 번의 자살 시도를 했지만 두 번 다 실패하게 되고, 그는 정신 병원에 입원하게 된다. 정신 병원에서 그는 자신이 더 이상 인간이 아니게 되었다는 독백을 한다.

  그가 선천적으로 정신병이 있던 것은 아니다. 단지 조금 예민했을 뿐이다. 예민함으로 인해 사회에서 가하는 정신적인 폭력을 훨씬 더 아프게 받아들이고, 그것을 좋지 않은 방법으로 극복하려다 망가졌을 뿐이다. 이는 오바 요조의 가족으로 비유된 당시 사회의 모습이 보수적인 것도 한몫했다.

  오바 요조의 비극적인 삶은, 그 정도가 크든 작든 누구나 겪는 문제점이다. 사회와 개인의 자아에서 오는 괴리감은, 많은 사람들의 생각이 반영되는 사회에서 종종 벌어지는 일이다. 그것은 눈치채지 못할 정도로 작게 벌어질 수는 없다. 하지만 오바 요조와 같이 그것이 술이나 담배와 같은 것에 손대게 할 정도로 크게 벌어지는 것은 너무 자주 발생한다.

  특히 타인의 눈치를 많이 보는 한국에서도 이러한 현상이 심하다 느꺼진다. 또한 주인공 오바 요조의 모티브이자 《인간 실격》의 작가인 다자이 오사무가 산 일본도 그러한 편이다. 이 두 나라는 그러한 현상이 전 세계의 국가들 중에서도 심각하다 생각한다. 이 타인의 눈치의 의미는 자신의 자아를 죽이는 것은 물론, 타인의 자아까지 죽이고 오직 사회적 자아만 추종하는 것이다. 다른 말로는 보수적인 것이라 말할 수 있다. 물론 젊은 세대에서는 그런 현상이 많이 줄어들었지만, 아직도 중장년층이나 그 윗세대는 이러한 문화를 중시하는 경향이 있다.

작품 속에서 오바 요조는 자살을 여러 번 생각했으며, 실제로도 시도했던 적이 있다. 이는 다자이 역시 자살을 여러 번 시도하고자 한 것에서 비롯한 것으로, 그가 자신의 인생을 돌아보면서 쓸 때 넣은 것이라 생각한다. 내가 작품의 분위기를 보면서 한국 사회를 떠올린 것은, 한국 사회의 자살률이 엄청나게 높다는 것이 떠올랐기 때문이다. 그가 사회에 지쳐 자살 시도를 한 모습은 안타까우면서 동질감이 들었다.

물론 이 문화가 가져온 사회적 통합의 유리함이라는 장점은 부정할 수 없다. 이 문화가 약한 외국은 개인의 자아를 최대한 존중하려는 경향이 있어 한국과는 달리 단합이 되지 않는 편이다. 하지만 그만큼 한국 사회의 여러 고질적인 문제점을 문화라는 이름으로 합리화시킨 주범이기도 하다.

오바 요조가 학생이었던 시절, 타인과의 교류 속에서 억지로 착한 척,

유쾌한 척을 하며 정신적으로 몰려 있는 모습은 현대 사회인들의 모습을 보는 것 같았다. 그 연기를 도저히 할 수 없을 정도로 정신이 피폐해지자, 그는 다시 정신을 온전히 찾지 못하였다. 나 역시 요조와 달리 내 자아를 온전히 지켜 내기 위해 노력해야겠다고 생각했다.

▲ 사양

다자이 오사무

  이 소설의 제목 《사양》은 지는 태양이라는 의미를 담고 있다. 우리의 눈에 태양은 지고 뜨는 것 같지만, 태양은 전혀 움직이지 않는다. 여전히 태양은 밝은 빛을 내뿜고 있고, 우리가 그 범위를 벗어난 것일 뿐이다. 작가는 우리의 삶 역시 이러한 현상을 가지고 있는 태양에 비유했다.

  여주인공 가즈코의 아버지는 죽은 상태이고, 남동생은 일제 군부의 전쟁에 징집되어 생사불명 상태로 돌아오지 않고 있다. 이어서 그녀의 어머니는 결핵에 걸려 요양이 필요한 상황이었다. 이 모든 부담을 짊어진 가즈코의 상황이 소설의 시작 부분이었다. 가즈코의 집안은 원래 귀족 집안이었지만, 아버지의 죽음으로 가세가 기울어 현 상황까지 오게 된 것이다.

  가즈코의 남동생과 어머니는 서로 상반된 상징을 지녔다. 작중 가즈코의 남동생의 모습은 사실상 백수로 지내면서 인생을 막사는 사람이었다. 그에 비해 가즈코의 어머니는 평생 동안 귀족스러운 면모를 지키면서 절대 품위를 잃지 않은 채 고고하게 살아갔다. 가즈코의 어머니와 가즈코의 남동생은 작품이 진행되면서 비슷한 시기에 죽는다는 동일성을 지닌다. 둘의 상반된 모습과 연속된 죽음은 가즈코가 둘의 상징적인 면모를 가지고 있다는 것이라고 생각한다.

가즈코의 남동생은 전쟁에서 죽은 것이 아닌, 문학을 한다는 핑계로 시간을 허비하는 백수였다. 거기에 아편에 중독되어 있었고, 출판사를 차린다는 헛된 야망을 가지고는 철부지같이 지내고 있었다. 가즈코의 남동생은 당시 시대의 젊은이들을 떠올리는 것 같다. 작품의 배경은 전쟁 징집과 관련된 언급이 있었으니 1940년대일 것이다. 그 시기 일본은 대공황이 발생해 침체기에 빠져 있었기 때문에 극단적이고 강력한 힘이 필요했다.

극단적이고 강력한 군부가 결국 등장해 전쟁을 벌였지만, 미국의 진압으로 인해 빠르게 몰락했다. 당연히 정부, 그것도 군대로 이루어진 정부가 빠르게 세워졌다가 몰락하고, 그 원인이 전쟁의 발발이었기에 사회는 혼란할 수밖에 없었다. 가진 것이 없는 젊은이들은 인생을 목적이 아닌 쾌락을 위한 수단으로서 허비했다. 가즈코의 남동생은 당시 시대의 현실적인 젊은이를 반영하는 모습이다. 그 역시 귀족 집안의 자제였음에도 약이나 해 대고 허망한 목표만을 좇는 상황이었으니, 당시 사회가 얼마나 열악했는지 가즈코의 남동생의 행실이 간접적으로 보여 주는 셈이다.

반면 가즈코의 어머니는 혼란한 사회와 멀어져 태양과 같은 평화를 가졌다. 그녀의 대화나 행동에 드러나는 가치관은 전혀 혼란함을 볼 수 없었다. 물론, 현대 사회하고는 상극인 과거의 모습이기에, 21세기 지금의 모습으로 보면 도태된 것으로 보이긴 한다. 나는 그녀를 죽게 한 결핵이 사회의 혼란한 상황으로 그녀와 같은 사람이 사회에 사라지고 있는 현실을 묘사하기 위한 것이라 생각한다.

가즈코 역시 남동생과 같이 1940년대 일본, 즉 혼란의 시기의 젊은이다. 혼란의 시기 속, 그녀 역시 그 물결에 휩쓸려 삶을 잃어버리는 사람이 될 수도 있었다. 하지만, 그녀는 그녀의 어머니를 보면서 삶을 포기하지 않았다. 소설 속에서 '나는 확신하고 싶다. 인간은 사랑과 혁명을 위해 태어난 것이다.'라는 가즈코의 독백이 있었다. 이 문장은 그녀의 의지적인 삶을 표현했다. 그녀는 가끔 힘든 순간이 찾아오긴 했어도 꾸준히 어머니의 병을 간병했고, 철없는 동생을 찾아내기도 했다. 혁명의 능동성을 보여 주고, 사랑이 가진 의지를 보여 준다.

소설의 마지막 부분은, 가즈코가 하룻밤을 지낸 남자에게 자신이 남자의 아이를 임신했다며, 아이의 어머니가 되고 싶다고 편지를 보내는 장면이다. 나는 이 장면을 보고, 젊은 사람들이 결혼을 못 하는 한국 사회가 떠올랐다. 일본처럼 현재 한국의 젊은 사람들도 삶을 쾌락을 위한 수단으로 사용되지, 특정한 목적으로서 남아 있지 않는다. 물론 사회가 뒤바뀌어 사회의 혼란을 야기하는 여러 문제들이 해결되는 것이 제일 중요하다. 하지만 중학생 정도만 되어도 보수적인 한국 사회에서 그러한 일이 일어나는 것이 얼마나 어려운지 알게 된다.

  물론 작가는 가즈코의 어머니를 삶의 목적으로 제시했지만, 그것이 어머니, 아버지가 되라는 말로 들리지는 않는다. 중요한 것은 사랑과 혁명이 가진 의지와 능동성이다. 가즈코의 남동생이 추구했던 쾌락은 이를 이기기에는 부족하다. 가즈코와 같이 자신이 바라던 삶의 목적을 잃지 않고, 의지와 능동성을 지닌 채 살아가는 것이 제일 중요한 삶의 목표라 생각한다.

▲ 참을 수 없는 존재의 가벼움

밀란 쿤테라

국어사전에서 가벼움을 2가지의 의미로 소개하고 있는데, 그중 두 번째 의미는 '중요성이나 가치 따위가 낮거나 작다.'이다. 이 책에서는 존재의 가벼움을 두 번째 의미로 사용하고 있다고 생각한다. 두 커플이 등장하는데, 각 커플마다 무거움을 상징하는 사람과, 가벼움을 상징하는 사람으로 나누어져 있다.

첫 번째 커플의 남자 토마시는 가벼움의 사람이지만 무거움의 사람이었던 테레사를 진실하게 사랑했다. 허나, 그의 가벼움은 테레사가 무거움을 드러내며 자신만을 바라보고 있었을 때에도, 심지어는 그가 테레사를 가장 사랑했던 시기에도 나타난다. 이 가벼움은 테레사와 있으면서 동시에 다른 여자들을 마구 만나러 다니는 것이었다. 처음 이 내용을 읽었을 때는 가벼움의 의미가 나타나고, 그 중요성이 나타나며 그것을 동경한다고 해도 심한 것이 아닌가 생각했는데, 뒤 내용으로 그럼에도 가벼움을 좇아야 하는 이유가 설명된다.

그가 그렇게 가벼운 사람이었기에 그는 테레사가 정말 사랑했으며 동시에 혐오했던 사람으로 만들어질 수 있던 것이다. 무거운 사람이었다면 테레사는 어느 순간 자신이 바라지 않던 모친의 생활과 별다를 바 없이 살았을 것이다. 그의 가벼움과 그녀의 무거움이 그 사랑을 완벽하게 만들 수 있던 것이었다. 가벼움은 쉽게 날아가지만, 무거움은 절대 날아가지 않는다. 그렇기에 한쪽이 너무 멀리 날아가거나, 날아가는 것을 두려워할 때 다른 한쪽에서 위로하면서 나아갈 수 있던 것이다.

테레사는 무거움의 사람이었다. 불행했던 어린 시절에서 새 삶을 찾고자 토마시와 결혼하였지만, 토마시는 자신과 정반대되는 삶을 살았다. 그녀는 그를 사랑한다는 생각으로 버텼지만, 그녀와 완전히 반대되는 그의 가벼움은 그녀에게 고통을 안겨 주었다. 그녀는 그와 함께 있으면서 어떻게든 자신의 생각을 바꾸려고 노력했지만, 도저히 무거움이 그녀를 바꾸어 주려 하지 않았다. 노년기가 되어서야 그녀는 자신의 사고의 무거움을 가볍게 바꿀 수 있었다. 그것이 옳은 일인지 아닌지는 모른다.

다른 커플로 넘어가 보자. 사비나는 가벼움의 사람이었다. 완전한 자유 의지를 가진 채 행동하고 싶었으며, 자신이 어렸을 때 귀에 못이 박히도록 들었던 반공주의적 세계관을 달가워하지 않았다. 다시 말해 삶의 무거움을 거부한 것이다. 그랬기에 프란츠의 무거움을 동경하면서, 동시에 무거움이 가지게 되는 극단적인 모습을 혐오했다. 그녀는 무거움 없는 가벼움에 힘들어하면서도, 무거움이 오는 것 또한 거부한 채 고통스러운 삶을 살아갔다.

프란츠는 무거움의 사람이었다. 그는 어린 시절부터 반란, 혁명, 시위 등을 동경하였으며, 그런 동경의 시선에서 무거움과 가까이 지냈던(비록 가벼움을 동경한 사람이었지만) 사비나를 사랑했다. 테레사의 무거움과는 또 다른 느낌이다. 사비나에게 차인 이후 프란츠는 그런 동경을 캄보디아 시위를 찾아가 해소한다. 캄보디아 시위에서는 프란츠와 같은 부류의 사람들이 많았기 때문이다.

여기서 가벼움과 무거움의 극명한 차이가 나타난다. 시위꾼들은 실체보다는 어떻게 하면 대중들에게 더 잘 보이도록, 더 이득이 되도록 시위를 했다. 옆에서 기자가 지뢰를 밟아 폭사하자, 그들의 몸은 피로 범벅이 되었다. 하지만 그들은 오히려 보여 주기에 더 좋다는 식으로 그의 죽음의 비극성과 비극에 보내는 안타까운 마음보다 그의 죽음이 자신에게 가져다줄 수 있는 이익을 생각했다.

작가가 무거움을 두려워하며, 토마시와 같은 극단적인 가벼움을 보여 준 이유가 그것을 옹호하는 것은 아니라 생각한다. 나는 그 이유를 무거움을 옹호하며 가벼움을 멸시하는 상황을 경계한다는 생각에서 쓴 비유적 표현이라 해석했다. 작품 속에서 이것을 거부하고 무거움에 짓눌려 있는 사람들을 작가는 키치라고 말했다. 작품 속에서 무거움에 빠져 진실조차 외면한 시위대에 속한 프란츠는 자신들이 지키려고 했던 사람들에게 소매치기를 당하는 도중에 죽는다.

  그렇게 좇던 무거움이, 결국에는 의미를 두지 않고 살아가는 가벼움의 삶보다 못한 우스꽝스러운 모습이 되었다. 하지만 여전히 무거움의 사람들은 존재하며, 그들은 가벼움을 정말 싫어한다. 그렇기에 그들은 자신들의 생각 속에서 '참을 수 없는 존재의 가벼움'이라는 구호를 외치며 가벼움을 추구하는 사람들을 바보 취급한다. 하지만 결국 가벼움을 무시한 것은 우스꽝스러운 삶의 모습이 되었고, 작가는 이를 풍자하려는 의미로 책의 제목을 지었다고 생각한다.

  현대에도 무거움의 사람을 만날 수 있을 것이고, 앞으로 우리가 살아가는 동안에도 만날 것이다. 무거움은 내 생각에는 극단주의를 표현한 것이라 생각하지만, 물론 극단주의 하나만으로 형용할 수 있는 단어는 아니다. 그렇기에 이를 파악하기는 어렵다. 파악하지 못한 채 살아간다면, 그러한 무거움을 추구하는 사람들에 의해서 우리의 삶 역시 같이 점점 무거워질 수 있다. 이 책에서는 그러한 무거움을 거부하고 가벼움을 추구해야 할 용기를 두 커플의 이야기를 통해 써냈다. 나도 가벼움을 추구하는 사람의 모습을 완전히 본받진 못하더라도, 그 삶을 추구하기 위해 노력해야겠다고 생각했다.

▲ 말테의 수기

라이너 마리아 릴케

말테는 도시에서 시를 쓰는 청년이었다. 과거에도, 그리고 현재에도 시뿐만 아니라 모든 문학인들은 가난한 삶을 산다. 그 역시 예외에 속하지 않았다. 그는 힘든 삶을 살고 있었기에, 세상의 불쾌할 정도로 현실적인 부분을 정확히 짚어 낸다.

그가 도시를 걸으며 눈으로 봤던 것은 사람이다. 그가 본 사람은 많겠지만, 그가 수기에 적은 사람은 그 부류가 한정되어 있다. 그는 길가에 쓰러져 있는 사람을 수기에 적었다. 임산부가 산통으로 몸을 가누기 힘들 정도로 고통스러워하는 것을 수기에 적었다. 그리고 이 모든 사람들에 대해 고통에서 지켜 주는 사람이 없다는 것까지 수기에 적었다.

그가 도시에서 맡은 냄새는 요오드포름 냄새와 감자튀김의 냄새였다. 요오드포름과 감자튀김은 건강에 좋지 않은 것은 물론, 요오드포름은 특유의 톡 쏘는 냄새가 있고 감자튀김은 기름 냄새가 난다. 릴케는 이 두 냄새를 불안의 냄새라고 말한다. 감자튀김이나 요오드포름이 건강에 좋지 않은 것으로 인식되는 것을 생각하면, 말테는 고통을 지켜 주는 사람이 없기에, 스스로 삶의 고통을 이겨 내기 위해 자신의 건강조차 신경 쓰지 않고 소모품처럼 소비할 수밖에 없는 현실을 묘사한 것이라고 생각한다.

말테는 어린 시절 사랑했던 사람이 있었다. 그 여자의 이름은 아벨로네였다. 부정적이고 암울한 모습을 적은 이 수기에서조차도 그가 어린 시절 사랑했던 여자의 모습은 장황하고 또 아름답게 그리려 노력했다. 하지만 그가 보는 현재의 모습에서, 그녀는 과거의 사람으로만 남아 있었다. 물리적으로도 다가갈 수 없는 것은 물론, 정신적으로도 그의 현재의 모습과 과거의 모습의 간격이 너무 크게 벌어져 있기에 더 이상 과거의 아름다운 순간으로 다가가기 힘들다.

이 장면을 이루어지지 못한 사랑으로 생각할 수 있지만, 나는 이 장면이 사랑을 넘어 인식에 대해 얘기하고 있다고 생각한다. 인간은 끊임없이 변화하고 있지만, 과거의 인식은 변하지 않는다. 과거의 인식들이 현재의 인식을 침범했을 때, 말테는 그것을 비극이라고 했다. 우리의 삶 역시 말테와 다르지 않은 것 같다. 과거의 영광이나 아름다움에서 더 이상 나아가지 못하는 것은 텍스트로 보면 우스꽝스럽지만, 우리 모두 과거의 영광을 그리워하면서, 현재의 고통을 어떻게 해서든 벗어나려고 노력한다.

그럼에도 말테는 이 작품에서 주인공의 인식을 바꾸지 않았다. 수기였기 때문에 인위적인 카타르시스가 들어갈 수 없었기 때문이다. 나는 글을 쓰다 보면 가끔씩 현실을 생각하게 된다. 그러다 보면 가끔씩 지금과 달랐던 어린 시절이 기억나던 때가 있다. 어려서 아무것도 정확히 인식할 수 없던 나였기에 그 시절은 기억 속에만 남아 고통스러운 현실을 견디고자 미화된다. 아직 어른도 되지 않은 나는, 현실에서 유추되는 미래도 두렵게 느껴진다. 어른이 지켜야 하는 것들에 대한 책임감은 내 부모님의 모습에서 봤고, 그것은 육체적이고 정신적인 부담감을 준다는 사실을 알고 있다.

나는 글을 읽고 쓰는 것으로 이를 해결해 보려 하지만, 과연 이 길이 맞는 것인지 아직 나도 확신을 가지지 못했다. 언젠가는 그 확신을 가질 수 있고, 또 해답을 글 속에서 찾아내는 순간이 생겼으면 좋겠다.

▲ 좁은 문

앙드레 지단

《좁은 문》은 비극적인 사랑 이야기이다. 주인공과 주인공이 사랑하던 여자가 끝내 사랑을 이루지 못하고, 한쪽이 죽으며 끝나는 이야기이다. 그 과정은 현실적이며, 불쾌하게 흘러간다. 나 역시 작품 속에서 표현한 일과 관련된 불쾌하고 또 어이없는 개인적 경험을 가지고 있기 때문이다.

주인공은 신실한 집안의 아들 제롬이다. 그는 순수했던 어린 시절 만난 외사촌 알리사와 만나며 호감을 느낀다. 알리사 역시 제롬과 같이 신실한 집안에서 살아간다. 이 신실함은 알리사를 죽음으로 몰아간다.

사랑은 행복을 가져온다. 그렇기에 알리사는 사랑을 죄악시했다. 행복할 수 있는 것은 오직 하나님을 믿는 것에서만 나타나야 했다는 생각을 가졌기 때문이다. 그렇기에 알리사의 감정에서 나온 죄악감은 점점 심해졌다. 그랬기에 집안에서 약혼 관계까지 확정 지은 상황에서조차, 그녀는 그를 사랑할 때 행복했던 기분을 최대한 내치려 했다.

처음에는 (자신이 생각했을 때) 신실한 마음을 확고하게 지키려 하기보다, 그저 제롬을 좋아하는 것에서 행복을 느꼈던 줄리에트에게 속으로 제롬을 떠넘기다시피 하면서 정신적 거리를 멀리 둔다. 둘은 마침 제롬이 군대로 가면서 육체적 거리까지 멀리 두게 된다. 두 중요한 거리가 멀어지면서 서로의 관계는 이어지기 힘들어졌으며, 억지로 멀어진 관계의 부작용으로 그녀는 점점 쇠약해졌다.

그녀는 결국 마지막에 요양원에서 쓸쓸하게 죽는다. 죽는 순간, 그녀는 자신이 살면서 필사적으로 지키려 했던 신실함이, 자신을 세상에서 지워 버린 것이 아닌가 하는 의문을 가지며 죽는다. 결국 그녀는 진실한 하나님에 대한 절대적인 순종조차도 도달하지 못했다는 안타까운 결말을 맺는다.

이 작품의 과정이 불쾌한 이유는, 나는 이 과정을 현실에서 본 적이 있기 때문이다. 다른 점이라면 그 과정은 완전한 타의로 이루어졌기에, 내가 생생하게 두 눈으로 본 장면이었다는 것이다. 사람을 만든답시고 부부 겸 사이코패스를 겸직하는 쓰레기들은 초등학생을 일하는 데 짐꾼으로 써 먹고, 그것도 모자라 (물론 본인들은 사랑의 매라고 생각하겠지만) 초등학생을 무자비하게 패고, 결국엔 무고한 초등학생 한 명을 죽였다. 그래 놓고 잠깐 자중하나 싶더니 또 사람을 모아서 자신들의 대단하신 철학을 널리 알리고 있다.

나는 이 일을 생각하면 웃기다. 마치 소설 같은 이야기이기 때문이다. 처음부터 끝까지 이해되지 않은, 마치 그 누나의 죽음을 위해 꾸며 낸 것 같은 일들만 행했기 때문이다. 그 등장인물로는 나도 끼어 있었다. 그 누나도, 나도 그 부부가 만든 학원에 속해 있었기 때문이다. 그때 그 부부 중 남자 쪽이 내가 눈치가 없다면서 사람을 만들겠답시고 나무 막대기를 들고 나를 엎드리게 한 다음에 그 막대기로 협박했던 일은 아직도 생생히 기억이 난다.

나는 이런 개인적인 경험으로 인해 작중 알리사의 극단적인 신앙심이 이해가 된다. 말 그대로, 그 누나의 부모(라 불러야 할지 모르겠는)는 그 선생을 하나님처럼 섬긴 것이다. 사춘기 때 배가 고파서 밤에 일어나 냉장고에서 뭘 꺼내 먹는 것을 보고, 사람이 덜 됐다면서 몸을 묶어 자게 했다는 것을 들었다. 알리사가 금욕주의를 지키느라 당연한 욕구마저 거부하는 모습 같았다. 그걸 남의 엄마한테 들려준 것도 웃기다(나는 그 사실을 엄마한테 들어서 알았다).

작품 속에서 알리사는 극단적인 금욕주의에 빠졌지만, 결국 금욕주의조차도 완전히 실행하지 못했다. 예수님은 마지막에 회개하는 사람만을 데려가기 때문이다. 그렇기에 마지막에 후회했던 그녀는 천국을 갔을지, 확실하지 않다고 생각한다. 이는 작가가 극단주의는 결국 본질적인 목적을 달성시키지 못하고 극단주의로 생성된 개인적인 철학만을 좇는다는 것을 표현한다고 생각한다.

이 작품에서도 알리사는 극단주의를 좇았지만 결국 끝은 천국일지 지옥일지 모르는 죽음이었다. 그 누나의 부모들도 사이비 부부가 자식을 잘 키웠을 거라는 믿음을 극단적으로 가졌지만, 그 끝은 딸의 죽음이었다. 극단주의는 온건함을 가지지 않는 파괴적인 성향을 띤다. 극단주의는 소수이기 때문에 단체 속에서 단체가 이루어 낸 사회를 뿌리부터 뒤바꾸려고 한다는 것이 내 생각이다. 그렇기에 정상인이 보기에 이상하고, 어찌 보면 웃기다고 할 수 있는 행동들을 극단주의자들은 스스럼없이 행하는 것이다. 그렇기에 나는 극단적인 것을 거부할 것이며, 이 생각은 죽을 때까지 바뀌지 않을 것이다.

▲ 위대한 개츠비

스콧 피츠제럴드

개츠비는 거대한 저택을 가지고 있던 부자였다. 거대한 저택을 이용해 그는 자주 저택을 통째로 쓰는 큰 파티를 열었다. 그가 이렇게 큰 파티를 여는 이유는 그가 사랑했던 데이지 때문이었다. 데이지는 과거에 그와 연인 사이였지만, 그가 전쟁을 나간 사이에 다른 남자와 결혼했다. 자신을 버렸음에도 여전히 데이지를 사랑했던 그는 엄청난 부를 통해 데이지를 다시 찾기로 한다.

목적 달성을 위해 평범한 청년에 불과하던 데이지의 사촌 오빠나, 소꿉친구하고도 친하게 지내는 것을 마다하지 않았던 개츠비는 마침내 그녀와 만나게 되었다. 하지만, 그녀는 초조한 것은 개츠비 쪽이라는 것을 알고 있었고, 톰이 다른 여자와 불륜을 하고 있다는 사실도 알고 있었다. 그랬기에 톰과 개츠비 사이에서 어장을 친다.

그럼에도 개츠비는 그녀를 위한 사랑을 멈추지 않았지만, 결국 마지막은 그녀를 위해 죄까지 덮어 주려다가 그에 대한 보복으로 사망한다.

그의 장례식에 온 사람은 데이지의 사촌 오빠 닉과 생전에 몇몇 알던 사람들밖에 없었다.

나는 이 작품이 1920년대 위대했지만, 또한 위태로웠던 미국 사회 분위기를 그대로 녹여 낸 작품이라고 생각한다. 1차 세계 대전에서 심각한 피해를 받은 유럽과 달리 거의 피해를 받지 않은 미국은 곧 세계의 중심이 된다. 세계 대전 이후부터 미국의 사람들의 삶은 보편화된 자동차, 고층의 건물, 제조업의 발달 등이 겹치며 유례없는 풍족한 삶을 살게 되었다. 하지만 지나친 문화의 범람은 점차 사람들의 소비를 따라가지 못했고, 결국 어느 순간이 되자 소비가 멈추게 된다. 이것이 1929년에 일어났던 세계적인 경제 위기 대공황이다.

개츠비의 삶도 미국의 20년대 모습과 비슷하다. 엄청난 부와 행복에서 그치지 않고, 무리하게 부를 더 축적하고 또 남의 여자를 자신의 것으로 만들려는 야망을 이루려다가, 결국에는 장례식에 올 사람조차 남지 않은 그의 삶은 작가가 당시 미국에 살며 느꼈던 미국의 모습을 써낸 것이라고 생각한다. 하지만 멋진 인생이다. 자신이 진정으로 원하는 것을 위해 자신의 모든 것을 바치는 것은 누구든 한 번쯤 생각해 보는 일이다. 원하는 것을 위해 얼마까지 바칠 수 있을까? 어른이 되면 삶이 힘들어진다는 것을 알기에 그것이 궁금하다.

▲ 첫사랑

이반 투르게네프

　사람들의 사랑에 대한 태도는 그 사람의 가치관에 따라 달라진다. 한 사람은 사랑을 쾌락을 위한 수단 정도로 생각하기도 하고, 반대로 또 다른 사람은 진정한 사랑에 쾌락이 섞이는 것을 용납하지 않을 수 있다고 생각하기도 한다. 이 두 가치관은 두 가지 질문에 대한 답변의 출발점이 되게 한다. 작중 주인공 블라디미르는 단순히 사랑을 느끼는 사람에서 이 두 질문들을 직접 마주하게 되며 사랑에서 무엇이 중요한가에 대한 생각을 하며 기도하게 된다.

　주인공 블라디미르는 우연히 만난 옆집의 지나이다를 보고 그녀를 사랑한다. 그의 연심은 그녀를 볼수록 높아져 갔지만, 왜인지 지나이다는 그에게 마음을 내주지 않았다. 오히려 그가 자신을 좋아한다는 것을 알고 기만이라도 하는 듯 다른 남자들과 만남을 추구했다. 그녀의 외양은 많은 남자들이 몰리기에 충분했고, 그녀는 이러한 마음을 이용해 많은 남자들이 자기 곁에 있게끔 하였다. 자신의 사랑이 기만당하는 상황인 것이다.

작중 이 초중반 장면에서 주인공이 성장했다는 묘사가 직접적으로 나타나지는 않지만, 나는 이 장면을 통해 주인공이 한 단계 성장했다고 생각한다. 많은 소설에서 인물들은 사랑에 좌절하기도 하고, 행복하기도 하는 등 사랑을 인간에게 갈등을 주는 요소로 사용했다. 작중 주인공도 이 사랑을 통해 한 단계 더 성장하게 된다.

  뒤 장면에서 그는 평소 조용하고 냉정했던 자신의 아버지와 지나이다가 서로 사랑한다는 사실을 알았다. 그의 어머니는 당연히 이 사실을 알고 대노했으며, 그의 어머니와 아버지는 크게 싸운 뒤, 지나이다의 집을 떠나 도시로 돌아가 살게 된다. 그렇지만 그의 아버지는 매일 승마를 하는 척 지나이다를 만나기 위해 말을 타고 직접 지나이다의 집으로 갔다. 한번은 그가 아버지와 같이 승마를 한 적이 있었다. 그의 아버지는 오솔길에 말을 세우고 사라졌는데, 그는 아버지의 행방이 궁금해 그 뒤를 몰래 따라갔다. 그리고 그는 지나이다와 아버지가 오두막에서 다시 만나는 것을 보게 된다.

  작중 그녀를 사랑한 사람의 비중은 블라디미르에서, 그의 아버지로 넘어간다. 이 둘의 모습과, 이 둘을 대하는 지나이다의 모습에 대해 생각해 봤다. 첫 문단에서 말한 두 가지 질문 중 첫 번째 질문은, "자신이 사랑하는 여자가 다른 남자들과 친하게 지내도, 여전히 사랑할 수 있는가?"이다. 철없던 어린 시절의 블라디미르는 그녀에 대한 사랑에 정신이 휘둘려졌지만, 그가 조금만 나이가 더 많았어도 윤리적인 문제를 진지하게 고민했을 것이다.

그의 선택은 모르겠지만, 나는 여전히 사랑하는 것이 불가능할 것 같다. 결국 자신에 대한 감정이 없다는 뜻이니, 혼자만 좋아하는 짝사랑이나 다름없는 상황이었기 때문이다. 설령 동정심이 일어 내가 사랑한 그녀도 내게 사랑을 보낼 수 있겠지만, 결국 그러한 사랑은 사랑이 진행되는 도중에 빠르게 식어 갈 것이라는 불안감이 계속해서 떠오를 것 같다.

두 번째 질문은, "배신적인 사랑에 대한 처벌은 얼마나 필요한가?"이다. 주인공의 아버지와 지나이다는 아닌 척하며 뒤로 몰래 만나던 사이였고, 또한 이 사실을 아버지의 아내가 알게 되었음에도 멈추지 않고 계속 만난다. 이 둘은 얼마 안 가 죽게 되는데, 그 이유는 뇌졸중과 출산 후유증이다. 사실상 천재지변을 당해서 죽었던 것이나 다름없다.

나는 작가가 자신의 생각을 밝히기 위해 죽였다고 생각한다. 등장인물은커녕 서술자로도 등장하지 않은 작가였기에, 천재지변을 이용해서 죽인 것이다. 작가는 배신적인 사랑을 한 사람들은 반드시 자연적으로 처벌을 받을 것이라는 생각을 했다. 반대로 주인공은 자신이 사랑했던 사람이, 그것도 자신의 아버지와 불륜을 자행했음에도, 무덤덤하게 생각했으며 마지막 장면에서는 그 둘이 천국에 갈 방법을 생각하며 기도했다.

두 입장은 일반적으로 '불륜' 그 자체를 보고 부정적으로 평가한 작가와, 특수한 상황에 놓여 있어 불륜에 대한 죄악과 가족, 그리고 사랑했던 사람이라는 두 가지 상황에 걸쳐져 무덤덤하게 반응할 수밖에 없는 주인공이 있다. 작가는 주인공과 자신을 분리시킴으로써 두 가지 해답을 제시했고, 둘 중 어느 것을 정답으로 두지 않았다. 상당히 죄질이 나쁜 축에 속하는 불륜 역시 상황에 따라 다르게 판단할 수 있다는 생각처럼, 나도 만일 내 미래의 첫 연인이 불륜을 포함한 올바르지 않은 행동을 하더라도 그 상황에 따라 올바른 대처를 할 수 있으면 좋겠다고 생각했다.

🌲 노인과 바다

어니스트 헤밍웨이

인간은 위대한가, 라는 질문이 있다. 이 질문에 대해 찬성하는 사람도 있을 것이고, 반대하는 사람도 있을 것이다. 그리고 그 이유 또한 나름대로 다양할 것이다.

그중 사례를 하나 들어 보면, 인류의 욕망이 있을 것이다. 끊임없는 삶의 윤택함을 추구하고자 하는 욕망은 인류가 불을 발견하고, 철을 사용하며, 글을 쓰며, 산업화를 이룩하고, 자동차를 만들고, 휴대폰을 개발해 내는 원동력이 됐었음이 틀림없다. 하지만 인류의 욕망은 고도의 기술 발달로 인한 기술의 유지와 발전을 위해 엄청난 지구의 자원을 무리해서 끌어 쓰게 되는 계기가 되었다. 지구의 온도가 올라서 섬이 침수되며 이상 기후가 발생하고 있지만 인간의 욕망은 그것을 제대로 바라보고 있지 못한다.

일단 주제로 돌아와서, 인간은 위대한가, 라는 질문은 인간의 욕망 하나만으로도 이렇게 여러 근거를 대며 찬반이 나뉠 수 있다. 《노인과 바다》에서는 인간의 의지를 이용해, 이 질문을 긍정하고 있다.

　작품의 주인공은 노인이고, 등장인물은 그 외에는 전부 엑스트라 수준으로 그려진다. 그는 과거에는 힘깨나 쓰는 어부였지만, 현재는 오랜 시간 동안 물고기 구경도 못 한, 은퇴가 턱밑까지 다가온 어부였다. 그는 원래 조수 소년 한 명을 데리고 다녔지만, 오늘은 혼자 바다로 나가 물고기를 잡자고 결심한 채 혼자 배를 몰고 바다로 나간다.

　그는 거대한 청새치를 보았고, 그 거대함과 아름다움에 매혹되어 몇 날 며칠간의 사투 끝에 청새치 사냥에 성공한다. 하지만 그 청새치를 노리는 상어들로부터 돌아갈 때까지 청새치를 지켜야 했으며, 노인은 필사적으로 청새치에 접근하려는 상어를 막는다.

　그의 모습은 의지를 가진 인간의 표상으로 보인다. 청새치라는 거대한 목표를 향해 멈추지 않고 나아가는 그의 모습은 인간의 강함을 보여준다. 우리도 거대한 목표를 향해 나아가며, 온갖 고통과 부정적인 감정들에 휩싸여 그것을 포기하라는 강력한 유혹에 잡아먹히기도 한다. 하지만 그것을 이겨 내는 것은 의지와, 의지에서 발현되는 노력의 힘이다.

　하지만 여기에서 끝나지 않는다. 청새치를 간신히 잡느라 기진맥진한 노인의 상황은 신경 쓰지 않은 채, 노인은 자신이 이룩해 낸 목표를 잃어버릴 위기에 처한다. 우리도 목표를 이루고 끝나는 것이 아니라, 쉼

없이 목표를 향한 노력과 의지로 간신히 만들어 낸 결과를 지키기 위해 노력해야 한다. 노인은 칼, 작살, 심지어는 배를 젓는 노까지 사용하면서 막는다. 노인의 필사적인 모습 역시, 행복한 삶을 영위하고자 하는 인간의 본능에 따라 고통과 부정적인 감정을 계속 삼키며 그것들을 견뎌 내는 우리의 삶과 비슷하다고 생각한다.

 여기서 인간은 위대한가, 라는 질문을 다시 해 보면, 노인의 삶을 근거로 인간이 위대하다는 답변을 할 수 있다. 인간은 꿈과 목표를 가지고 살아가며, 그것을 위해 강한 의지를 가지며 상처투성이가 되어도 결국 이뤄 내는 존재이기에 위대하다고 나는 생각한다. 노인은 자신은 모든 것을 잃어버렸다고 말하고 잠을 잔 것처럼, 그것이 유의미한 결과를 가져오지 못했더라도 그의 모습은 우리의 마음에 유의미한 변화를 가져오게 할 수 있다고 생각한다.

▲ 호밀밭의 파수꾼

제롬 데이비드 샐린저

 가면 놀이는 사회에서 중요한 것들 중 하나가 되어 버렸다. 나는 사회에서 학생으로 분류되지, 나 자신으로 지칭되지 않는다. 분류된다는 것은 관습화된 이념을 위해 맘에 들지 않더라도 자신의 생각을 굽히고 억지로 웃어야 한다는 것을 의미하며, 지칭된다는 것은 그 반대말이다. 관습화된 이념이 자신의 생각과 다르다면, 과감하게 다른 행동을 할 수 있으며, 관습화된 이념으로 인해 경직되게 행동하는 사람들에게 순수한 웃음으로 카운터펀치를 먹일 수 있는 사람이 분류에서 벗어난 지칭된 사람이라고 할 수 있다.

 작중 나타난 호밀밭의 파수꾼은 가면을 벗기는 사람들이다. 아직 순수함을 잃지 않은 사람들이 순수함을 잃어버리고 가면을 쓰려고 할 때 가면을 벗겨 주려 하는 것이다. 작중에서는 호밀밭에서 놀다가 떨어지려는 아이들을 잡아 주는 것으로 나타났다.

 주인공의 이름은 홀든 콜필트이다. 그는 나와 만 나이 기준으로 똑같이 16살이었다. 그는 기숙고등학교에서 살고 있었다. 그는 옆 방 친구나, 선생들은 위선적이라고 생각했다. 이 생각은 단순히 선생이 자기편을 안 들어 주거나, 친구와의 주장 차이로 생기거나 한 것이 아니었다. 그렇기에 기숙고등학교에서의 학교생활은 그에게는 멍청한 일로 느껴졌던 것이었다. 마침 퇴학 처분을 받았던 그는 조용히 학교를 떠난다.

학교를 떠난 순간부터 집으로 돌아오기까지의 3일 동안 홀든은 많은 사람들을 만난다. 그 사람들은 홀든에게 친근하게 대하기도 했고, 도움을 주려고 시도하기도 했고, 그를 우습게 보기도 했고, 친하게 지내기도 했고, 정성스레 보살펴 주기도 했다. 하지만 어느 누구도 홀든의 마음에 들지 않았다. 오히려 그의 마음에 깊게 새겨진 반골 기질에 불을 지폈으며, 염세적인 태도와 그에 대한 노골적인 분노를 드러내는 생각이 그의 머릿속에서 떠나지 않았다.

그는 마침내 여동생을 만난다. 다른 사람들은 가면상의 얼굴로는 여동생과 같이 행동했지만, 가면 안의 얼굴에는 자신의 추악한 얼굴이 있었다. 홀든은 다른 사람의 친절이나, 폭력을 받는 동안 추악한 얼굴을 떠올리며 그 얼굴에 거칠게 욕을 했다. 하지만 여동생은 가면상의 얼굴이 없었다. 정확히는 그 행동이나 말과, 그 안에 있는 감정이 일치하는 것이었다.

그가 여동생에게 화를 내면, 여동생은 슬퍼한다. 여동생과 같이 놀이

공원에 가 회전목마를 태워 주면, 여동생은 기뻐한다. 진심을 전해도, 곧 신기루처럼 사라지는 세상에서, 여동생의 모습은 그에게는 천사처럼 다가왔다.

이 책을 읽으면, 아직 머리카락 외에 몸에 털이 나지 않았던 어린 시절이 떠오른다. 온갖 문제가 산재해 있는 사회가 그저 멋져 보였던 때였고, 복잡한 의미를 갖고 있는 행동에 의미를 찾는 질문을 건넸던 어린 시절은 이제 추억으로만 남게 되었다. 현재 나는 그러한 행동을 멍청하다고 규정하며, 사회의 다양한 문제와 고통들, 그리고 그것을 오히려 당연하게 생각하며 고통과 문제를 더 키우는 어른들의 모습에 지쳐 버린 사람이다.

홀든의 행동은 비록 완벽한 모습이 아니었고, 오히려 무기력한 모습이 더 부각되었다. 그랬기에 그의 생각은 공감이 더 된다. 만일 그가 완벽한 초인을 추구하며 그것을 뛰어넘으려 했다면, 그의 행동은 공감이 될 지어도 감히 그 생각을 공감하기는 힘들었을 것이다. 이 책을 읽고, 나 역시 홀든의 꿈인 "호밀밭의 파수꾼"에 대한 소망을 가지게 되었다.

▲ 페스트

알베르 카뮈

21세기를 살아가는 사람들에게 흑사병은 자신이 배운 역사 속에서나 등장하는 질병이다. 현대 사회는 위생이 확실히 관리되며, 물 역시 수도 시설이 잘 정비되어 있어 과거보다 훨씬 깨끗하기 때문이다. 21세기에 페스트에 감염되는 경우는 야생 동물과 접촉하는 경우 빼고는 전무한 수준이다.

하지만, 이러한 현대의 인식과 달리 20세기 초만 해도 흑사병은 악랄함으로 훨씬 위상이 높았다. 알베르 카뮈의 소설 《페스트》에서는 페스트가 발병하여 한창 기승을 부리고 있던 20세기 중반 이전 사회에 대해 쓰여 있다. 1940년대, 알제리의 도시 오랑의 시민들은 쥐들이 떼죽음을 당하는 모습을 봤다. 그 이후, 점차 사람들도 하나둘 페스트에 감염되기 시작했다. 한 번 시작된 감염 속도는 가파르게 빨라졌다. 이러한 위기 상황에서 사람들의 대처는 4가지로 나뉜다.

첫째, 위기를 의도적으로 이용하는 것이다. 이는 철학적으로 고민의 여지가 있는 나머지 대처와 달리 그냥 나쁜 놈이기 때문에 작가도, 작중 인물들도 그러한 태도를 보여 줬던 인물 코타르에 대해 긍정적으로 평가하지 않았다.

둘째, 위기를 받아들이는 허무주의적 태도이다. 대다수의 시민들은 흑사병의 고통을 호소하지만, 그것을 이겨 내고자 하는 행동은 하지도 않은 채 죽어 나갔다. 작가는 이러한 사람들의 절망적인 심리에서 나오는 허무주의를 보여 줬다.

셋째, 위기를 초월적인 존재의 뜻으로 받아들이는 것이다. 신앙이 많이 엇나간 모습으로, 실제로 작중 판느루라는 목사는 흑사병을 타락한 인류에 대한 하나님의 징벌이라고 하는, 자의를 상실한 모습을 보여 주고 있다. 작가는 이러한 극단적인 신앙주의를 보여 줬다.

넷째, 위기를 끊임없는 의지와 노력으로 이겨 내는 것이다. 작중 주인공이었던 베르나르 리외는 사람들이 죽어 가는 것을 그냥 두고 보지 못했다. 그는 보건대를 구성해 여러 사람들을 불러모았다. 목사 판느루도 또한 참여했다. 네 번째 사람은 두 번째 부류의 사람들과 세 번째 부류의 사람들을 포용했다.

작가는 실존주의를 주장한 알베르 카뮈이다. 그가 생각한 실존주의는 인간은 어떤 방식으로든 부조리와 만날 수밖에 없다는 것이었다. 또한 그는 부조리를 대하는 방식으로 그것을 이겨 내려고 하는 의지 외에는 아무것도 가져서는 안 된다는 것을 이 책을 통해 말하고 있었다. 무기력한 사람, 이득을 보는 사람, 초월적인 존재를 지나치게 믿는 사람들은 전부 부정적인 결말을 맞이했지만, 작중 리외의 치료를 돕다가 페스트에 걸린 사람은 가까스로 살려 주었다.

그 사람은 심지어 아내가 떠난 사람이었고, 직분도 말단 공무원이었다. 즉, 비범한 사람이 아닌 평범한 사람으로 묘사한 것이다. 그럼에도 그는 페스트의 창궐이라는 부조리한 상황을 이겨 내고자 성실히 리외를 도왔고, 그랬기에 작가는 이 사람을 페스트에 걸리고 가까이 살아가게 하는 방식으로 부조리를 향한 의지에 대한 중요성을 강조하고자 했던 것 같다.

작가가 살아갔던 시대는 제1차 세계 대전, 제2차 세계 대전이 벌어진 이후로, 많은 사람이 전쟁 후 평온한 삶이 무너진 것을 보고 좌절했던 시대였다.

카뮈가 제안한 실존주의의 원본이 될 정도로 흡사한 니체의 이론에서는 이러한 위기에 대처하는 방법으로 인간의 상상력을 제안한다. 자신의 완전해진 모습을 상상하며 그 모습에 닿을 수 있도록 살아가라는 것이 니체의 제안이었다.

카뮈의 실존주의는 니체의 사상에서 많이 가져왔지만 이 부분에서는 갈렸다. 그는 사회주의자였기에, 스스로 이겨 낼 수 있는 예술가나 고위층에 대한 조언인 니체의 위기 대처 방법과는 다른 방법인 '부조리에 저항하는 의지' 그 자체를 제시한다. 부조리를 그대로 맞을 수밖에 없는 노동자들이 어떻게 좌절에서 벗어나고 삶을 살아갈 수 있을지에 대해 고민한 끝에 내린 답이라 생각한다.

물론 저런 시대가 아니어도, 사람의 삶 역시 외부적 요인으로 그 평온함이 무너질 수 있고, 그것은 깊은 좌절 속으로 빠지게 한다. 그럴 때 작가가 말했던 삶을 향한 무한한 의지로 좌절감과 위기를 향해 정면으로 부딪치는 것 또한, 우리가 삶을 살아가는 도중에 가져야 할 중요한 태도라고 생각한다.

▲ 그 후

나쓰메 소세키

  주인공 다이스케는 할 일 없이 바깥을 바라본다. 학창 시절에는 공부를 꽤 열심히 해 예술 대학에 들어갔지만, 30살이 된 지금은 예술가는커녕 부유한 집안을 믿고 백수로 지내면서 예술적인 영감을 쌓는 것 정도만 하고 다닌다. 그의 아버지는 그의 모습과 반대된다.

  그의 아버지는 젊었을 때 발생했던 메이지 유신에 발맞춰 시작한 사업을 성공했다. 하지만 그러한 삶을 살았던 그로서는 아들 다이스케가 백수로 사는 것이 고깝지 않았다. 그중 무엇보다 참기 힘든 일은 30살이 되었음에도 결혼을 하지 않은 것이었다. 그는 작중 여러 번 결혼을 종용한다. 하지만 백수로 살아가도 아무렇지 않았던 주인공은 아버지의 행동들이 지나치게 과분했다.

  3년 만에 그가 살던 지방으로 돌아온 그는 미치코와 하라오카를 만난다. 미치코는 대학교 시절부터 그의 친구 하라오카와 동시에 사랑했던 여자이다. 하지만 주인공은 젊은 시절에서 나오는 높은 자존감이 고백을 허락하지 않았기에 히라오카에게 미치코를 양보한다. 그로부터 3년 후, 목적도 없이 한가롭게 살아가는 주인공은 히라오카와 미치코를 만난다.

하라오카는 대학교 시절부터 주인공의 아버지를 경외하며 그의 성실함을 닮고자 번듯한 은행원이 되었다. 같이 한량으로 지냈던 대학원 시절은 그저 친한 친구였지만, 한량으로 지내는 주인공의 모습을 비꼬며 은행원이 된 자신을 은근히 자랑한다. 반면 미치코는 3년 전과 변함이 없었다.

다이스케는 오랜 이별에 까맣게 잊고 있던 미치코에 대한 연심을 다시 떠올랐고, 그 연심을 표현하고 싶었다. 하지만 어떤 방식으로 표현하든 그 끝에 불륜으로 끝난다는 것을 생각한다. 하지만 결국 사회적인 매장을 감수하고 그녀와 지나치게 싸우며 가정 분위기를 불편하게 만드는 히라오카 대신에 자신과 살자며 불륜을 권유한다.

히라오카가 그 사실을 알게 되며 당연히 주인공의 가족에게 알리고, 주인공은 가족에게 쓰레기 취급받으며 매장된다. 주인공은 사회적인 매장과 연심이 극에 달한 양립된 정신 상태로 인해, 어지러움을 느끼며 아무 기차나 탄 채 끝없이 이동하는 것이 이야기의 마무리이다.

주인공과 사회는 갈등하고 있다. 주인공은 사회에서 요구하는 결혼과

취직을 거부하는 사람이다. 반면 당시 일본 사회는 급격한 성장으로 인한 부유층의 증가로 보수적인 분위기가 지배되었던 시대였다. 이러한 사회는 주인공과 같은 젊은이의 입장은 고려하지 않은 채, 눈치를 주면서 사회에서 요구하는 것들을 실현시키려 한다.

　작중 일본 사회에서 보이는 보수적인 모습을 형상화한 주인공의 아버지와, 그를 추종하는 하라오카의 모습으로 드러난다. 이는 주인공의 사랑에서도 다시 한번 드러난다. 그것은 비록 이미 임자가 있는 여자를 빼앗는 불륜이었지만, 주인공은 정말 그 여자를 사랑하며 진지한 태도로 대했다. 반면 하라오카는 매일 그녀와 싸우며, 심하게 말할 때는 그녀를 포기하려 할 정도로 연심이 사라졌던 상황이었다.

　그럼에도 주인공이 그녀에게 진지하게 불륜을 권하자, 다시 고지식한 태도를 들이밀며 그 사실을 주인공의 아버지에게 일러바친다. 작품 속에서는 주인공이 그의 형에게 모욕적인 언사를 듣고 집을 떠나 기차를 타는 장면으로 끝나 뒤의 이야기는 없지만, 아마 하라오카는 더욱 심하게 미치코를 괴롭혔을 것이다. 모순적인 모습을 사회의 모습이라는 추상적인 대상에 맞추기 위해, 자유로운 사람의 특별한 모양마저 균일한 모양으로 만들어 버리는 모습은 일본 사회뿐만 아니라 한국에서도 나타나고 있는 현상이다. 이 특성은 좋은 이점을 가져오기도 했지만, 이 때문에 불붙는 갈등들 역시 많이 생겨나서 문제가 되고 있다.

현대 사회는 이러한 분위기가 적어졌지만, 한중일을 비롯한 여러 보수적인 사회에서는 아직도 잔재했다. 나 역시 주인공처럼 사회가 원하는 모습으로 맞춘 틀에 내가 억지로 들어가는 것이 아니라, 어느 정도 유동적인 모습을 갖고 싶다. 글을 계속 쓰다 보면 사회의 모습에서 벗어날 길을 찾을 수 있을지도 모르겠다고 생각했다.

▲ 톰 소여의 모험

마크 트웨인

   톰 소여는 세인트피터스버그라는 작은 마을에 살고 있었다. 그는 순수하고 영리했던 소년이었다. 놀기를 좋아했기에 자유로운 공간을 좋아했고, 그런 공간에서 끌어내려는 어른들의 눈을 속이기 위해 온갖 수단을 이용한다. 도입부에서 그는 학교를 빠지고 강가로 수영하러 간 것을 숨기고자 입담을 통해 거침없이 거짓말을 해 댔다. 또한 귀찮은 일을 맡을 때마다 친구들에게 사기를 쳐 일을 떠맡기고는 도망쳐 쏘다니곤 했다.

   이러한 자유로운 영혼이 살기에 그의 집은 너무 불편했다. 그의 양어머니였던 폴리 이모는 항상 톰을 올바른 아이로 키우려 했기 때문이었다. 톰은 야단도 많이 맞았지만, 그럼에도 장난치는 것을 멈추지 않았다. 톰과 그의 친구 허클베리 핀은 둘이서 여러 곳을 돌아다니며 여러 신기한 경험들을 한다.

   그러던 도중 톰은 허클베리 핀이 들은 미신을 시험해 보고자 공동묘지로 가는데, 그곳에서 사람이 죽는 것을 보게 되었다. 톰과 허크는 이 사실을 비밀로 했지만, 살인범 인디언 조가 머프 영감에게 살인을 뒤집어씌우자 양심의 가책을 느낀다. 결국 톰은 머프 영감의 재판이 열리는 날 인디언 조의 죄를 밝힌다. 죄가 까발려지자 인디언 조는 바로 도망쳐버리고, 톰은 인디언 조를 두려워하며 살게 된다.

하지만 그 두려움보다 놀고자 하는 마음이 컸던 톰은 모험을 멈추지 않았고, 이내 새로운 시련을 받는다. 바로 보물을 찾기 위해 그가 사랑하는 여자아이 베키와 동굴을 탐색하다가 나가는 길을 잃어버린 것이다. 동굴 깊숙한 곳에는 조가 살고 있었고, 둘은 조를 피해 간신히 동굴에서 빠져나온다. 하지만 그 사실을 다시 만난 어른들에게 알리지 않았고, 어른들의 동굴 봉쇄로 조는 그 안에서 아사한다.

다시 동굴 문을 열었을 때는 조의 시체가 기다리고 있었고, 톰과 허클베리 핀은 조가 숨긴 보물을 찾아낸다. 톰과 허클베리 핀은 자신의 보호자들에게 주마다 1달러씩 받는다는 것을 조건으로 보호자들에게 그들의 보물 1만 5천 달러를 맡기는 내용으로 끝이 난다.

톰 소여와 허클베리 핀은 용맹한 모험가였으며, 천진난만한 소년이었다. 이 두 가지 특성을 혼합해 가지고 있는 그들의 모습은 모순되어 보이지만, 그렇기에 더 유쾌하게 다가온다. 보호자의 보호를 받고 있는 데다가 멀쩡히 학교를 다니는 학생인 그들이 모험가 흉내를 내는 모습은 우습지만, 또 다른 이면으로는 살인 사건의 진범을 밝혀내고 진범의 보물을 찾아내는 모습은 아직 천진난만한 소년이라는 모습까지 더해져 더 멋지게 다가온다.

이들의 모습은 자유를 추구하는 미국의 모습을 다시 한번 떠올리게 하며, 지나친 보수성으로 자유가 억압되는 미국 사회의 모습을 비판한다. 그들의 행동은 무모하고, 예의 없는 것이라고 어른들에게 자주 질타를 당했다. 어른들의 목표는 돈이나 지위와 같은 사회적 가치가 높은 것이었다.

그렇기에 어른들은 자신들과 같이 사회적 가치가 높은 것들을 추구하는 사람으로 개조하고자 톰과 허클베리 핀의 자유를 억압한 것이다. 하지만 그들은 어른들이 그렇게 강조하는 질서와 관련해 그것을 어긴 사람을 체포하는 데 공헌했으며, 또한 그들이 그렇게 추구하는 돈을, 톰의 무모하지만 용기 있는 행동으로 얻어 낸다.

작가는 자유주의자였으며, 자유 중에서도 어린 아이들이 가진 순수하고 용기 있는 자유를 최고라 생각했다. 그리고 미국인들이 보수적인 면모로 자유마저 잃어버리는 것을 경계하며 이 작품을 써냈다. 그가 작중 우스꽝스럽게 만든 사람들은 사회적으로 봤을 때는 상당한 지위를 지닌 사람들이었다. 작가는 직접 이 소설을 어른들을 위해 썼다고 말했다.

톰이 담배를 피는 것에 대해 아이들은 그저 나쁜 행동이라 이해하지만, 어른들은 자유를 위해서라면 사회적 평판이 깎이는 것을 어느 정도 감수해야 한다는 비유로 이해할 것이기 때문이다. 하지만 사회적 위상과 질서 따위를 걱정해 자유를 억압하는 행동을 합리화하는 것이 당시 보수적인 미국 사회에서는 일상화되었고, 이로 인해 자유로 추구할 수 있는 무한한 가치가 손상될 수 있었다.

우리 사회에도 보수적이고 낡은 가치에 의해 억압되고 제한되는 것이 많다. 물론 제한이 없게 좋다는 것은 아니다. 사회의 상당한 악영향을 끼칠 수 있는 위험한 것들은 제한이 필요하다. 하지만 한국에서는 그러한 가치들과, 그 가치들을 추종하는 사람들의 힘이 상당히 강하다는 것이 문제이다. 외국에서 문제가 되지 않는 것들도 보수적인 사회인 한국에서는 문제가 되는 경우가 있으며, 이 중에서는 분명 법으로 규제되고 있음에도 국민 대다수가 잘못된 규제라고 생각하는 것들도 있다.

하지만 보수적인 입장을 가진 국민들과 그러한 사람들의 지지를 입은 높으신 쪽에서 보수적인 가치관을 들이밀며 적극적으로 규제하고 있다. 우리 사회에서도 톰 소여와 같은 사람들이 늘어날 수 있으면 좋겠다. 보수적인 가치관을 지나치게 강요해 자유가 가진 이점이 약해져 좋은 가치들을 잃게 되는 것들이 없었으면 좋겠다고 생각했다.

▲ 다섯째 아이

도리스 레싱

　소설은 한 여자와 한 남자가 만나는 시점에서 시작된다. 남자의 이름은 데이비드, 여자의 이름은 해리엇이다. 둘은 직장 파티에서 서로를 보고는 눈이 맞아 그대로 결혼까지 하게 된다. 둘은 거대한 집을 사서 그 집에 여러 아이들을 키우며 행복하게 살아간다는 상상을 하며 부모의 도움으로 큰 집을 산다. 4번의 임신으로 사랑스러운 아이들을 낳고, 여러 사람들을 파티에 초대해서 아이를 자랑하며 자신들의 상상을 초대받은 사람들과 나눈다.

　5번째 아이의 이름은 벤이었다. 그는 처음부터 불안하게 태어났다. 원래는 낳을 생각이 없었으나, 실수로 인한 원치 않는 임신으로 태어난 것이다. 벤은 해리엇의 배 속에 있을 때부터 수도 없이 그녀에게 발길질을 하며 다른 아이들보다 훨씬 더 해리엇이 진땀을 빼게 만든다.

　큰 고통의 끝에 태어난 벤의 인상은 묘한 불쾌감을 주고, 어른처럼 음울하다고 주변 사람들은 말했다. 아이가 집에 오자 그들이 예전부터 해

오던 상상이 곧 깨져 버렸다. 그는 여타 아이들만큼 귀엽지 않았는데, 처음에는 열심히 키워 보려는 부부였으나 아이의 거칠고 불길한 행동은 부부와 그 아이들, 심지어는 초대받은 사람들까지도 불쾌하고 힘들게 했다.

어쩔 수 없이 아이는 집을 떠나 요양소로 가게 되지만, 어쨌든 자신의 배 속에서 나온 아이였다. 요양소의 환경은 아이들을 키운다기보다는 숨만 붙어 있게 하는 수준이었다. 아이가 불안한 곳에서 살게 할 수 없었던 해리엇은 아이를 다시 데려온다. 하지만 다른 사람들은 고사하고 해리엇조차도 그의 존재를 불안해했다. 아이는 당연히 이전처럼 불길하게 행동했다.

그에 대한 대처법을 강구하는 와중에 그녀는 다른 사람들에게 아이를 그 막장 요양소에 보내지 않은 것에 대해 은근한 눈치를 받는다. 해리엇은 벤을 학교에 보내지만 벤은 학교보다 깡패 같은 선배들을 더 좋아했고, 청소년이 되고 나서도 그와 비슷한 무리들끼리 어울린다. 데이비드와 해리엇은 벤과 친구들이 자신의 집을 헤집어 놓는 것이 싫어 결국 평범한 집으로 이사를 가기로 한다. 해리엇이 벤을 바라보며 그의 미래를 생각하는 것으로 이야기는 끝난다.

데이비드와 해리엇은 전통적인 부부의 가치관을 따라 많은 아이들을 낳으며 살아가고자 했지만, 그러한 과정은 벤이라는 '장애물'에 막혀 좌절된다. 그럼에도 해리엇은 전통적 가치관인 모성애에 매달리며 어딘가 좀 이상한 벤을 버리지 못하지만, 그녀와 그 외의 가족은 전통적 가치관을 버리지 못하는 그녀를 비난한다. 이 책은 전통적 가치관을 위협하는 변수가 새로운 가치관을 들고 왔을 때 어떻게 행동해야 할지에 대해서 묻고 있다.

나는 한국의 전통적 가치관과, 21세기에 새로 생긴 가치관을 동시에 경험하는 사람이다. 이 두 가치관들 중에서는 혼합될 수 있는 가치관도 있지만, 지나치게 차이 나는 가치관도 있다. 그러한 가치관 속에서 나는 대부분 후자를 선택한다. 하지만 한국에는 전자의 가치관을 지니는 사람이 더 많고, 보수적인 사회의 영향으로 자신이 믿는 가치관만을 고집하는 사람도 상당하다. 그러한 충돌 속에서 갈등은 시작된다.

작가는 절대 변할 수 없는 불변의 변수로 벤을 창작했다. 어떠한 경우에도 '벤'은 '가족'이라는 가치에 화합될 수 없는 변수였다. 그 변수가 어떠한 가치관이나 사상, 그러니까 가족이 붕괴될 위기에 처해졌을 때, 무엇을 먼저 지켜야 할까. 내 사상을 접고 인륜적인 도리를 지킬지, 혹은 내 목적지를 가기 위해 그러한 변수쯤은 배제하고 가야 하는지. 갈수록 새로운 가치관이 생기며 기존의 가치관이 위협되는 현상이 빨라지는 현대 사회에서 내 선택도 어려워진다.

▲ 백년의 고독

가브리엘 가르시아 마르케스

라틴 아메리카의 근대 역사는 한국의 일제강점기에 못지않게 비극적이다. 콜롬버스의 아메리카 대륙 발견을 시작으로 유럽에서는 라틴 아메리카 침공을 시작한다. 많은 사람들이 노예로 끌려가 강제로 노역을 했으며, 반항하는 사람들은 살해당했다. 그렇게 라틴 아메리카는 500년 동안 강대국의 점령으로 암울했던 역사를 보낸다. 《백년의 고독》에서는 이 문제를 추상적으로 드러낸다.

작품 속에서는 범상치 않은 행동을 일삼는 부엔디아 가문이 나타난다. 그 시초였던 호세 아르까디오 부엔디아는 자신을 놀린 친구를 죽였다가, 그 친구가 유령이 되어 괴롭힘을 받는다. 그는 부족을 떠나 새로운 도시 마꼰도를 개척했다. 소설이 진행되는 동안 여러 번 강조되는 그의 가문의 운명은 필연적인 고독으로, 부엔디아 가문의 인물들이 작중 정말 많이 나타나지만 그들 중 고독함을 느끼지 않으며 죽은 존재가 없었다.

그가 개척한 마꼰도는 가끔씩 서양 문물을 파는 집시들이 들어오고, 죽은 사람의 피가 스스로 흘러 한 집에서 다른 집으로 이동하고, 죽은 인물이 산 인물과 멀쩡히 대화하는, 먼 옛날의 이야기 속 신비로운 부족들의 삶과 같은 모습이었다. 라틴 아메리카 사람들은 당시 서양인들이 보기에는 기이해 보이는 모습일지라도, 나름 자신들에게는 어울리는 삶의 방식을 가지며 평온하게 살고 있었다.

하지만 곧 기차가 들어오는 것을 시작으로 스페인의 바나나 공장이 세워지고, 마을의 분위기는 서양적으로 변한다. 그들은 주민들과 대화하기를 거부했고, 심지어는 정당한 대가조차도 지불하지 않았다. 그들이 철수하고 난 이후에는 더 이상 마을에서 신비로움이 느껴지지 않았고, 평범한 빈민촌으로 변화했다.

이러한 마꼰도의 모습은 근대 라틴 아메리카 국가들의 모습을 그대로 드러낸다. 묘한 신비로움과 독특한 느낌을 주는 원주민들의 국가는 외세의 영향으로 점차 그 감성이 옅어지고 일반적인 외국의 도시 모습을 따라간다. 중간의 바나나 공장과 관련된 시위에서 원주민들의 정당한 대가를 요구하는 것을 묵살하고, 그들을 학살해 자그마치 3,000명을 죽여 버린 사건은 그 당시 원주민들에 대한 백인 우월주의적 태도로 공공연하게 차별을 자행한 외세의 모습을 형상화한 것이라고 생각이 들었다.

그 후 마꼰도, 즉 라틴 아메리카의 신비로움에 밀려 외세는 사라졌지만, 학살과 외세를 쫓아내고자 자행한 신비로운 현상에 휘말려 마꼰도 역시 책 제목처럼 고독하고 조용한 빈민 마을이 되었다. 마지막의 마을이 회오리바람에 통째로 삼켜져 사라지는 모습은 토착 문화를 바탕으로 한 마을들이 완전히 사라지고 있는 상황을 나타낸다고 생각한다.

작중에서는 신비로운 묘사가 끊이질 않는다. 죽은 사람이 유령이 되어 타인과 기꺼이 대화한다. 미친 사람이 미치지 않았다고 하고, 피가 스스로 움직이는 것은 크게 문제되지 않는다. 별거 아닌 것에도 이상할 정도로 깊게 집중하기도 한다.

자고 있는 도중에 이불에 말려 그대로 하늘로 날아가 승천하는 사람도 있었다. 이 중에서도 압도적인 것은, 아이를 배고 있던 엄마가 죽어 죽은 아이를 흰개미 떼가 흔적도 남기지 않고 먹어 대는 모습이다. 이 내용은 주인공이 읽었던 예언서에 적혀 있던 것이며, 그것은 이 아이를 낳은 아버지조차 알고 있었다. 이러한 작품의 신비로운 묘사는 라틴 아메리카의 모습을 더욱 신비롭게 만들며 침공을 간접적으로 반대하고자 하는 작가의 생각이 담겼다고 생각한다.

《백년의 고독》은 읽기에 어려운 책이었다. 문장은 추상적인 데다가 비유가 문장 하나하나에 정말 많이 들어가 길다란 문장이 된다. 이야기는 난해하고, 주제는 문장 몇 개가 지나고 나면 바뀌어 있어 집중하기 어렵다. 이 세 가지의 요소로 인해 책을 읽다 보면, 몇 페이지만 뒤로 가도 몇 페이지 전 이야기를 잊어 먹기도 한다.

　또한 문장을 읽고 다음 문장을 읽는데도 전 문장의 의미가 망각되기도 하고, 인물들이 무슨 일을 했는지도 제대로 잡히지 않는다. 다만 이 세 특징들과 위 마술적 리얼리즘, 마꼰도의 고독이 합쳐져 여타 소설과는 완전히 다른 느낌을 주는 책이었다. 마치 마꼰도의 모습처럼 신비로운 책이다.

🔺 북호텔

와젠 다비

　주인공 부부는 호텔을 사서 숙박업을 할 계획을 세운다. 그들이 산 호텔은 허름한 호텔이었지만, 나름 도시와 가까이 있는 호텔이었다. 호텔이 문을 열자, 여러 사람들이 호텔로 몰려든다.

　책은 여러 사람들의 모습을 보여 준다. 많은 사람들이 아침에 일하러 가기 전, 호텔에서 커피와 조식을 먹으며 일에 대해 푸념하는 모습도 있다. 노동자들과 달리 일할 힘이 남아 있지 않아 종일 호텔에 박혀 있는 노인도 있다. 그러한 노인들 중에서는 이상한 사상에 빠지는 노인도 있었다. 또한 피로를 풀려고 술을 마시는 모습도 자주 나타나고, 사랑을 하는 사람들의 모습도 보여 준다.

　이 모든 삶의 모습은 우리에게 친근히 다가온다. 그러한 이유는 그들의 삶은 현재 우리의 삶과도 닮아 있기 때문이다. 우리의 삶 또한 힘든 업무와 피로를 푸는 일(작중에서는 술로 표현됐다.), 평범함에도 진실한 사랑들은 우리의 삶의 큰 부분을 차지한다.

우리의 삶은 완벽하지 않지만, 그렇기에 다양한 감정을 느낄 수 있는 것일지도 모른다. 업무와 휴식과 사랑 중에서 업무가 빠졌으면 좋겠다는 염원을 가지지만, 현실에서 그렇다면 나머지 두 가지가 남아 있을 수 없기에, 그 두 가지를 위해 일을 하고, 일을 견딜 수 있도록 휴식과 사랑을 하고 있는 모습은 우스꽝스럽지만, 현실적이다.

  또한 작중에 나타난 일이 없어 고독해진 노인들 또한 많이 보인다. 이는 작가의 선구안이라고 생각이 든다. 의료 기술이 발달한 여러 선진국에서 독거 노인들이 증가하면서 고독사가 늘어나고 있는 추세이다. 국가에서 지속적으로 관심을 가지려 노력을 하고 있지만, 국가의 지원이 큰 효과를 가지지는 않는 것 같다. 한국은 현재 노년층 자살률 비율이 1등이다.

  버틸 길 없는 노인들이 의지하는 곳이 극단적인 사상을 지닌 사람들이라는 것이 안타깝지만 현실이 되고 있다. 여러 취미를 가질 수 있는 젊은 사람들과 달리 후진국에서 태어나 평생 일만 했던 사람들이다. 타인과의 공통적인 목표를 가질 수 있을 만한 곳이 그런 약아빠진 사람들을 따르는 것밖에 없는 것이다. 작중에서 묘사하는 암울한 모습이 한국과 닮아 있어 안타깝다고 느껴졌다.

▲ 크리스마스 캐럴

찰스 디킨스

《크리스마스 캐럴》이 발매되기 직전의 사회 분위기는 크리스마스에 대해 소소하게 기념하는 날 정도로 생각할 정도로 그 의미가 약했다. 산업화의 영향으로 사람들이 일에 지나치게 집중하면서, 기념일 같은 것들을 잘 챙기지 않게 되는 삭막한 사회가 되었다. 크리스마스 역시 그러한 기념일 중 하나였다.

《크리스마스 캐럴》에서는 돈을 좋아하고 남한테 베풀기에 인색한 구두쇠 영감 스크루지가 나온다. 부하들이 일을 하다가 조금이라도 휴식 같은 것들을 생각하면 호되게 꾸짖는 사람이었다. 그 밑에 있는 부하는 매일 스크루지에게 구박받지만, 그날은 크리스마스이브였기에 집에 가서 가족들과 행복을 나눌 생각에 기대하고 있었다.

스크루지는 크리스마스 같은 기념일은 상관하지 않고 크리스마스 날까지 일하려 한다. 크리스마스이브 밤, 그는 과거에 죽은 자신의 친구를 만난다. 그는 영혼이 되었지만, 스크루지와 같이 살아 있던 시기 구두쇠 같이 살았기에 구원을 받지 못했다. 그는 곧 스크루지에게 3명의 유령이 올 것이라는 말을 남긴다. 유령 셋은 각각 스크루지의 과거, 현재, 미래를 보여 준다.

과거에 그는 순수하고 책을 좋아했던 소년이었다. 그와 친했던 누나의 모습이 보일 때 그는 추억에 잠긴다. 현재 그는 친한 사람은커녕 같이 대화를 나눌 사람조차 남아 있지 않았다. 타인을 철저히 자신의 도구로만 이용하는 그의 모습에 그는 미안해한다. 자신의 소중한 가족을 위해 스크루지에게 폭언을 들으면서도 버티는 직원, 크리스마스 파티를 여는 자신의 사촌과 그 동생들의 모습을 보게 되고, 직원 가족의 고충이 심해져 나타나는 비극적인 미래를 만나게 되었을 때 그는 눈물을 흘리며 미래를 보는 것을 거부한다.

유령들은 그의 삶에 대해 비판하며 일침을 가한다. 자신의 악한 모습을 제대로 성찰하게 된 스크루지는 진심으로 반성하게 된다. 다음 날 개과천선한 그는 사촌의 집에 가 사촌의 자식들과 함께 크리스마스 파티를 즐기며, 크리스마스 다음 날에는 직원에게 두둑한 보너스를 주고 그동안의 삶에 미안해하며 친근하게 대해 주는 것으로 이야기는 끝이 난다.

이 이야기는 당시 영국 상류층에 만연한 황금만능주의로 인해 인류애를 저버리고 돈을 선택하는 상류층의 모습에 대한 비판이자, 따뜻한 인류애를 보여 주는 하류층의 모습을 조명하며 그들의 인류애를 상류층이

본받을 수 있도록 쓰여진 소설이다. 현대 사회 양극화의 시작점이었던 200년 전 산업화의 모습은 현대 사회에 이르러서도 크게 달라지지 않았다. 아이들을 돌보기 위해 온갖 고충을 견디며 일하는 노동자와 주인공처럼 자본에 미쳐 온갖 편법과 범법을 저지르는 악한 자본가의 대립 구도는 현대 사회에서도 나타난다.

 이 소설이 출판된 이후, 크리스마스는 전보다 엄청나게 중요한 날이 되었다. 기독교인들이 예수님의 탄생을 기념하는 것을 넘어 일반인들도 크리스마스를 기념하며, 어른들은 아이들에게 선물을 주고 아이들은 어른들에게 선물을 준다. 따지고 보면 소설 하나가 사회를 바꾼, 엄청난 가치를 지닌 글인 셈이다. 나도 글을 쓰는 사람이고, 내 글이 유의미한 가치를 지닐 수 있으면 좋겠지만, 현실은 쉽지 않다. 현대 사회에서 글은 점차 사라지고 있는 표현법이기 때문이다. 그림과 영상이 대체하고 있지만, 글 역시도 그들과 차별화된 영향력을 지닐 수 있다고 생각한다. 그렇기 때문에 내 글도 현실적인 가치를 지닐 수 있도록 열심히 글을 써야겠다고 생각했다.

▲ 나사의 회전

헨리 제임스

　가정 교사직을 얻게 된 한 여인은 주인으로부터 자신을 귀찮게 하지 말라는 명령을 받은 채 주인의 사촌들이 있는 집으로 갔다. 사촌 아이들은 열 살이 채 넘지 않은 아주 어린 나이로, 작품 동안 가정 교사와 아이들, 그리고 귀신 간에 묘한 긴장감이 지속된다.

　가정 교사가 생생히 느끼는 감정을 그대로 써 내려갔지만, 수상한 삼자 간의 관계가 작품에서 가장 재미있는 점이다. 가정 교사는 아이들은 유령을 봄에도 불구하고 못 본 척 유령을 회피한다고 느끼며, 유령을 보면서 유령의 존재를 의도적으로 무시하고 있는 아이들을 의심한다. 유령은 처음부터 끝까지 이야기 속에서 주요 소재로 등장하지만 정확히 무엇인지는 자세히 나타나지 않는다. 또한 아이들이 왜 유령을 무시하는지도 나타나지 않는다.

　그렇기에 마지막 제일 중요한 점으로, 가정 교사가 본 유령이 진짜 유령인지, 가정 교사의 망상인지에 대한 것 또한 나타나지 않는다. 작중 가정 교사의 정신이 정상적이지 않은 것 같은 묘사가 몇 번 나오기 때문이다. 이는 의도적으로 작가가 공포감을 증폭시키고자 쓴 것 같다. 작가가 확실한 증거를 절대로 서술하지 않은 채 그대로 작품이 끝나 버렸기 때문에, 완독하고 난 이후에도 우리는 이야기의 이해에 혼란을 겪는다.

이야기에서 가장 긴장감을 쥐락펴락하는 부분은 아이들의 '천사 같은 순수함'이라는 고정 관념이다. 이는 가정 교사의 시점에서만 작품이 서술되기에 더욱 극대화된다. 가정 교사의 서술, 즉 1인칭 서술의 한계는 타인의 속내를 알 수 없다. 작가는 이를 적절히 사용해 '아이들의 순수함'이라는 평범한 소재를 '아이들의 순수함을 왜곡된 시선으로 바라보는 가정 교사' 또는 '가정 교사 앞에서만 순수한 척하는 아이들'이라는, 둘 중 어느 쪽으로 해석해도 재미있게 해석이 되도록 의도하였다.

책 뒤편에 있던 작품에 대한 해설을 보기 전에 나는 1인칭으로 쓴 소설이기에 가정 교사의 입장에 몰입해서 봤는데, 아이들의 순수함에서 위선이 묻어져 나온다는 식으로 생각하는 가정 교사의 생각이 선하지 않다는 것을 간과했다. 완독했을 당시에는 무난하게 몰입해서 읽을 만한 소설이었는데, 해석을 읽고 다시 이야기를 생각해 보니 상당히 재밌는 부분들이 많이 떠올랐다. 공포심을 자극하는 분위기와 제한된 시야가 합쳐진 '공포' 장르의 시초이기에 인간의 공포심을 자극하는 영화나 소설 등을 재미있게 읽었다면《나사의 회전》역시 재밌게 읽을 수 있을 것이다.

▲ 적과 흑

스탕달

1820년대에는 나폴레옹이 몰락하고 다시 왕조가 들어섰기 때문에 더욱 폐쇄적인 방식으로 나라를 몰고 가는 시기였다. 스탕달은 이러한 사회의 분위기에 반발하여 《적과 흑》을 써냈다. 주인공 쥘리앵은 나폴레옹을 존경하는 사람이었다. 그는 군 입대를 바라며 나폴레옹을 추종했지만, 나폴레옹이 사라진 군대에는 왕조가 기를 쓰고 죽인 권력으로 인해 아무리 높은 직위에 올라가려 해도 빛나지 못했다. 그래서 주인공은 성경을 공부해 신학자가 되기로 다짐하고 성경을 열심히 외운다.

다만 그에게는 신앙심은 거의 없었으며, 신앙보다 출세를 위한 신학 공부를 했다. 성경을 완벽하게 외웠지만, 말 그대로 내용만 외운 것이지, 그 내용이 어떠한 의미를 이끌어 내는지를 알지는 못했다. 그는 나폴레옹을 존경했지, 신, 그리고 신께 존경을 바치는 주교를 존경한 것이 아니었기 때문이다. 신을 믿지 않는 신학자라는 모순적인 존재가 되어 버린 쥘리앵의 모습을 통해 작가는 당시 사회의 보수성으로 인한 모순점의 발생과, 모순점이 발생했음에도 개선하고자 하는 노력을 하지 않

있던 왕정복고기의 폐쇄성에 대해서 비판했다.

　귀족은 평민은 천하다며, 부르주아는 부패한 자들이라며 경멸했지만, 그 당시 귀족은 죄질에 따라 공정하게 이루어져야 할 재판을 맡으면서 아주 쉽게 돈에 매수당했다. 작품 후반부에 평민 출신으로 귀족들의 근처까지 올라갔다가 피고인이 되어 버린 쥘리앵을 심판할 쥘리앵을 지키고자 돈으로 주교를 매수하고 직위를 올려 주는 것까지 약속했다.

　하지만 그 주교는 평민에게 비참함을 느끼게 한다는 악질적인 쾌락을 누리고자 쥘리앵에게 사형을 내리는 모습을 보여 준다. 쥘리앵은 작품 후반부, 성공하기까지 한 발짝 남은 상황에서 밀쳐져 성공에서 영원히 멀어져 버린 것에 분노해 총으로 자신을 밀친 사람을 쏴 부상을 입혔다.

　그 이후 사람을 쐈다는 극한의 죄책감을 느낀 끝에 오히려 초연해진 그였는데, 지금 생각해 보면 그는 당시 사회의 귀족 계급의 모순을 느끼고 더 이상 성공하고자 하는 마음이 사라진 것이 아닐까라고 생각해 본다.

　1820년대에는 중세 시대 수준으로 폐쇄적인 분위기를 유지했기에, 당연히 평민들은 귀족에게 무시당하고, 성공을 꿈꾸는 존재로 나타난다. 작품 속에서는 쥘리앵이 성공을 좇는 평민의 모습을 아주 강렬하게 보여 준다. 성공하기 위해 어려운 일들도 간단히 해내고, 성공을 좇지 않는 평민들을 무시하고, 귀족이 된 이후에는 귀족이 자신의 행동으로 쩔쩔매는 모습을 보면서 행복감을 느끼며 더 높은 곳으로 올라가고자 하는 끝없는 욕망의 모습은 일종의 광기와 비슷한 느낌이었다.

작품은 사랑 이야기로 시작해 사랑 이야기로 끝난다. 주인공은 처음에 자신을 고용한 시장의 부인을 사랑했고, 두 번째는 자신을 고용한 귀족의 딸을 사랑했다. 첫 번째는 나이 차이나 유부녀라는 이유 등을 생각하면 비현실적인 반면, 두 번째는 유부녀도 아니고, 나이 차이도 적은 것을 생각하면 현실적인 느낌이 드는 것 같다. 두 사랑 이야기가 이어지는 동안 작품에서는 쥘리앵과 부인, 쥘리앵과 귀족의 딸과의 심리 묘사가 잘 이루어져 있는 것이 특별한 점이다.

이전의 소설은 사랑하는 사람의 심리를 강조해 '사랑' 그 자체를 강조하기보다는 사랑을 어떤 현상이나 대상에 대한 비유적인 묘사로 활용하는 경우가 많았는데, 이러한 기법은 스탕달이 처음 사용했다. 특히 두 번째 이야기 중 마틸드와 쥘리앵이 서로 좋아하지만 마틸드는 귀족의 딸이라는 자존심, 쥘리앵은 귀족을 부정적으로 바라보는 관점에 의해 서로가 좋아하는 감정을 숨기지 않은 듯 숨기는 묘사는 현대 연애 소설만큼 잘 쓰여 있다고 말할 수 있다.

1820년대에 대해 쓰였다고 했지만, 그 시대의 모습에 대한 묘사는 현대에서도 폐쇄적인 사회 하면 떠오르는 이미지와 어울려 현대인인 나도 재밌게 읽을 수 있었던 소설이었다. 상류층의 아이러니한 모습에 대한 비유적이면서도 날카로운 비판에 집중하며 읽거나, 이야기 그대로 사랑 이야기로 읽어도 재밌게 읽을 수 있는 소설이었다.

▲ 클링조어의 마지막 여름

헤르만 헤세

　클링조어는 자신의 쇠약함을 느낀 채 세상을 바라보고 있었다. 정신적으로도 불안정하고 신체적으로도 불안정했던 그의 정신은 점점 현실과 동떨어지고 있었다. 이러한 모습은 그가 죽기 직전에 겪는 여러 비현실적인 일들이 근거가 되어 준다.

　클링조어는 어느 한적한 섬에서 시와 그림을 그리면서 그의 마지막 일생을 보냈다. 그가 표현한 섬은 동화 속에 나오는 낙원처럼 아름다움과 같은 여러 가지 감정들을 클링조어가 느끼게 하는 꽃, 동물, 사람들로 꾸몄다.

　그는 죽고 싶었다. 매일 느끼는 두통이나 불면증을 깨끗이 없앨 수 있는 유일한 방법이었기 때문이었다. 몸과 정신은 그에게 고통만을 주었고, 그러한 고통들의 반복은 그에게 절망적인 정신만을 주었다. 이는 이야기 초반에, 주인공이 밤중에 불면증을 겪으면서 하는 복잡하고 감각적인 생각들을 견디기 힘들어하는 모습으로 나타낸다.

하지만 클링조어가 삶에 대한 의지가 없었던 것은 또 아니다. 그는 사람들을 만났다. 생각으로만 남아 있던 사람들은 그에게 가해지는 고통의 반복에 한 부분을 담당하고 있었지만, 그가 실제로 대화할 수 있는 그의 오래된 친구는 그에게 반가움과 친근함을 느끼게 해 주었다. 길에서 만난 예쁜 여인과 같은 사람들은 그의 삶에 활기를 돌게 했다. 그는 자신이 좋아하는 시인인 이태백의 시로 하여금 자신의 고통을 비유로 설명하고, 여인과 사랑을 나눌 때 살고 싶어 했다.

그는 삶과 죽음 사이에서 고뇌했다. 죽음은 비현실적이고 답답했지만, 삶은 현실적이면서 활기찼다. 그의 죽음은 끝까지 나오지 않았고, 그가 죽기 직전에 그린 초상화 또한 마지막까지 묘사되지 않았다. 그의 몸에 새겨진 살고자 하는, 또한 죽고자 하는 의지가 뒤섞여 기괴한 형상을 띠게 될 초상화였다.

《클링조어의 마지막 여름》을 쓸 때 작가 헤르만 헤세의 주변 사람들이 전부 전쟁의 여파로 고통을 받고 있었으며, 그때 그는 그러한 사람들에게 줄 동전 한 닢도 없을 정도로 가난했다. 그가 겪은 정신적 고통은 그를 죽일 정도로 강하게 몰아쳤기에, 그는 《클링조어의 마지막 여름》을 한 달 만에 써냈다고 한다. 그의 작품은 대부분 주인공과 자신의 모습이 많이 일치되어 있는데, 헤르만 헤세 또한 클링조어처럼 주변인들의 소실에서 오는 죽고 싶을 정도의 고통과 소설을 쓰면서 느끼는 삶의 활기의 중간에서 고뇌하는 모습이 아니었을까 생각해 본다.

♣ 인생

위화

주인공 푸구이의 삶은 고난의 연속이다. 처음에는 좋은 삶이었다. 그의 아버지가 상당한 부자였기 때문이다. 하지만 그는 젊은 날의 오기를 못 이겨 도박에 전 재산을 탕진하고, 그 후에는 평범한 시민으로 살아간다. 하지만 이는 그에게 전화위복이 되었는데, 그것은 주인공이 귀족 직위를 박탈당하고 얼마 뒤의 공산주의 혁명이 일어났기 때문이었다. 자신을 도박판에 들어오게 해서 그의 재산을 남김 없이 가져간 남자는 공산주의의 칼날에 목이 잘렸다.

그 후에도 주인공은 부대 사령관의 위협에 못 이겨 부대에 끌려가 강제로 노동을 한다. 부대에서 그는 몇몇 사람들과 친목을 다지며 살고자 하는 의지를 다졌지만, 그와 친목을 다졌던 사람들 중에서는 몇 명만 간신히 살아나게 된다.

이후에도 주인공의 삶은 점점 더 고난스러워진다. 주인공은 누군가를 구원할 자본이나 권력이 없었기에, 그의 주변인들이 죽어 가는 와중에도 아무것도 할 수 없었다. 주변인들이 연속적으로 죽어 나가는 모습에서 주인공은 슬퍼했지만, 그럼에도 그는 자신의 위치에서 살아간다. 그렇게 소설의 첫 부분이 시작된다. 주인공은 어느새 흰 노인이 되었고, 이야기를 찾아다니는 젊은이에게 위의 이야기를 쭉 늘어놓는다.

 주인공이 살아갈 수 있던 이유는 죽은 사람들 덕분이었다. 주인공은 힘들 때마다 타인의 도움으로 살아났고, 자신이 아닌 다른 사람을 알아가며 철없던 젊은 날의 자신을 반성하고 초연한 태도를 지닐 수 있게 되었다. 주인공은 타인의 죽음에 슬퍼했지만 동시에 그러한 성숙을 겪었기에 젊은이에게 초연한 태도로 대할 수 있었다고 생각한다.

 그의 삶은 나와 전혀 다른 배경과, 인물들 사이에서, 내가 평생 겪어볼 리 없는 사건들하고만 진행된다. 그럼에도 그의 삶과 내 삶의 공통점은 분명 존재했다. 나 역시 푸구이의 인생만큼은 아니지만 몇 번 인생길에서 넘어질 뻔했다. 그러한 상황 속에서 여러 사람들이 내 손을 잡아주었다. 앞으로 내 인생 역시 어떻게 될지는 모르지만, 적어도 지금까지의 인생보다는 더 많이 넘어질 것이 틀림없다. 어른이 되면 기댈 수 있는 사람이 적어지고 홀로서기를 해야 하기 때문이다.

 그런 인생임에도 살아가는 이유는 나 역시 타인의 지지대가 되어야 하기 때문이다. 나는 타인이 없으면 살아갈 수 없다는 말은, 바꾸어 말하면 타인은 나 없이는 살아갈 수 없다는 말로도 바꿀 수 있다. 우리의 인생이 넘어질 수밖에 없는 인생이라고 생각하는 것은 고통스러울 수 있지만, 그럴 때마다 누군가는 나를 도와줄 것이라는 확신만 있으면 열심히 살아갈 수 있다고 생각한다.

▲ 어린 왕자

앙투안 드 생텍쥐페리

    이야기의 초반은 화자인 조종사의 독백과, 어린 왕자와 조종사와의 만남으로 시작된다. 조종사는 어린 시절 어린 왕자와 같은 동심을 가졌지만 좌절된, 평범하고 흔한 어른이었다. 어린 왕자는 B-612 별에서 혼자 살다 지구로 온 왕자였다. 그 별은 하루에 석양을 44번 볼 수 있을 정도로 작은 별이었다. 화산도 작아 화롯불처럼 쓰이고, 어린 왕자가 직접 청소해 줄 정도였으니 말 다 한 셈이다.

    어린 왕자는 별에서 떠나 여행을 떠나고 있었다. 여러 별을 만나면서 그곳에 사는 사람들과 대화했다. 그곳에는 권력을 가진 왕, 겉멋을 부리는 신사, 술에 취한 주정뱅이, 무언가를 세고 계산하는 것밖에 못 하는 상인, 그리고 노동자 한 명이 있었다. 어린 왕자는 앞의 네 명은 이상하다 생각하면서도, 노동자에게는 동정을 보낸다.

    다음 별인 지구에서 어린 왕자는 주인공과 여우를 만난다. 여우에게 어린 왕자는 무언가를 사랑하는 법을 배웠다. 어린 왕자는 장미를 기르고 있었는데, 장미를 열심히 길러 줘도 장미는 어린 왕자한테 쉽게 마음을 열지 않았다. 그럼에도 어린 왕자가 떠날 때 장미는 자기는 신경 쓰지 말고 떠나라고 했었다. 어린 왕자는 어렸기에 장미의 모순된 모습이 이해되지 않았고, 그랬기에 여우에게 이 이야기를 들려주었다.

어린 왕자가 이걸 말해 주자, 여우는 길들인다는 것을 알려 준다. 서로가 따뜻한 마음으로, 시간과 노력을 들여 관계를 맺는 것이 길들이는 것이며, 길들임을 당한 순간 세상에 있는 그 어떠한 것과도 비교할 수 없는 특별한 것이 된다는 것을 말해 준 것이다. 어린 왕자는 여우를 길들이면서 여우가 말한 상호 간의 길들임이 무엇인지 하나둘 느끼기 시작한다.

화자는 그런 어린 왕자의 모습에 점점 순수함과 착한 마음을 느꼈다. 그래서 그와 몇 번 대화를 나누면서 어린 시절의 순수함을 느끼며 비행기를 고쳤다. 비행기를 다 고친 날, 조종사는 어린 왕자 근처에 독사가 있는 것을 보았다. 그가 독사에게 물리려 할 때 그를 지키려고 반사적으로 권총을 꺼내 독사에게 총을 겨눴다. 그럼에도, 어린 왕자는 자기 별로 돌아가기 위해 독사에 물려 자신의 육신을 죽게 해야 했다. 그는 언제든지 화자인 조종사가 밤하늘을 볼 때면 자신을 볼 수 있을 거라면서 독사에 물려 죽어 가는 와중에도 조종사와 마지막 대화를 하면서 서서히 지구를 떠나, 자신의 별로 돌아갔다.

《어린 왕자》를 읽기 전에는 어린 왕자가 실제로 있다는 말에 대해 이해하지 못했다. 책 속의 사람 아닌가, 라는 의문만 가진 채 나는 《어린 왕자》를 읽지 않았다. 딱히 거부감이 있던 것이 아니라 책이 없었기 때문이다. 그러다가 최근에서야 읽게 되었는데, 상당히 재밌게 읽었다.

어린 왕자는 나를 포함한 다른 어른들이 당연하게 생각하는 것에 물음을 표하고, 어른들이 물음을 표하는 것에 대해 당당하게 실재한다고 말하는 아이였다. 이는 내가 《어린 왕자》라는 소설 자체를 알기도 전인, 아주 어린 시절의 내 모습과 비슷했다.

지금의 나는 아무리 어린 왕자가 있다고 해도 믿을 수 없는 상태가 되었지만, 어릴 때의 모습을 형상화한 것이 어린 왕자라면 믿을 수 있다. 세상에 있는 모든 것이 궁금해서 어른들에게 쉴 틈 없이 질문했던 어릴 때 나의 모습이 다시 기억났던 책이었다.

▲ 홍길동전

허균

　《홍길동전》은 조선 시대의 선비 허균이 작성한 조선 시대 최초의 한글 소설이다. 허균은 관리로서 특출날 것 없이 살아간 사람이었지만, 중국에 시집을 널리 판 허난설헌이라는 누나가 있었고, 본인도 많은 창작을 해냈다. 조선왕조실록에는 허균이 문장을 정말 잘 써서 앉아서 수천 마디의 말을 쓴다는 말까지 쓰여 있었다.

　그가 쓴 가장 유명한 소설인 《홍길동전》은 작품 곳곳에 당시 시대에 대한 부조리함을 보여 준다. 홍길동은 어머니가 첩이자 노비였기에 집에서 변변한 대우를 받지 못했다. 당시 시대에는 이런 사람을 서자라고 부르면서, 하층민과 양반 사이의 어중간한 위치에 있었기에 많은 사람들에게 무시당했다. 그는 항상 자신의 처지를 서러워했기에, 아버지가 마련해 준 작은 별채에서 살아가며 여러 신비로운 것들을 배워 초인이 되어 갔다.

　그를 질투했던 또 다른 첩에 의해 장차 멸문지화를 일으킬 장본인이 될 것이라고 누명을 쓰고, 암살까지 당할 뻔했으나 살아남고, 이후 정처 없이 떠돌다가 도적을 만나서 도적과 함께 활빈당을 차린다. 당시에도 탐관오리들은 당연히 존재했고, 그런 사람들을 위해 암행어사 등이 있었으나 한계가 있었다. 그렇기에 소설 속에서 악한 부자들의 재산을 몰수해 가난한 사람들에게 나눠 주는 활빈당의 모습이 백성들에게는 멋있게 보여, 지금까지 전래되어 올 수 있지 않았을까, 라고 생각한다.

활빈당은 어쨌든 조선을 어지럽혔기 때문에, 홍길동은 왕에게 잡혀가기도 하는 등의 일을 겪었다. 그러다가 조선 시대에서 자신이 서자로 받았던 차별을 포함한 여러 부조리한 모습을 해결한 나라를 꿈꾼 그는 왕에게 세 번째로 잡혔을 때, 더 이상 조선 땅에서 살지 않겠다는 말과 함께 자신의 활빈당들과 함께 율도국으로 이동했다.

이런 모습도 역시 당시 백성들이 꿈꾸던 이상을 표현한, 사람들이 읽어야 하는 대중 소설로서 뛰어난 장면이라는 생각이 들었다. 당시 시대는 왕조가 쭉 내려오는 시대였기에, 왕이 얼마나 잘하냐에 자신들의 목숨이 달려 있던 백성들은 성군이 자신들을 이끌어 주기를 바랐기 때문이다. 율도국은 그의 통치 아래 평화로운 나라가 되었고, 홍길동은 30년 동안 왕좌에 있다가 세상을 떠난다.

당시 조선 후기에는 유교 문화가 뿌리박혀 있었고, 그것은 현대까지 일부 이어져 있을 정도로 상당히 오랫동안 지속되어 왔다. 홍길동은 이러한 유교 문화에 도전적으로 맞서는 인물이었다. 그는 서자로 태어났지만 선비들조차 이루지 못한 일을 이루어 냈고, 그 과정과 결과는 당시 시민들이 바랐던 이상이었다.

지금 읽어도 몰입하면서 홍길동이 나라를 세우기까지의 위대한 일들을 보면서 위안을 받을 수 있다고 생각한다. 현대 사회 역시 당대 사회처럼 지도층의 무능함과 부패함은 있기 때문이다. 하물며 지금보다 지도층의 권위가 세고 자신들의 무능함과 부패함을 덜 알릴 수 있었던 것이 조선 시대다. 그런 상황 속에서 살아가던 백성들에게 《홍길동전》은 정말 매력적인 소설이었을 것이었다고 생각한다.

🌲 반쪼가리 자작

이탈로 칼비노

메다르도 자작은 터키 전쟁을 지원하기 위해 전장으로 간다. 그는 중위 신분으로 전장에서 싸웠다. 그때, 포탄이 그의 몸에 날아와 그의 신체를 문자 그대로 두 갈래로 나누었다. 그를 데려온 의사들은 그의 모습을 흥미 있게 쳐다보며 버려진 팔다리를 주워 그의 몸에 붙이며 사라져 버린 그의 반쪽을 채운다.

메다르도 자작은 돌아왔지만, 그의 인격은 완전히 변해 버렸다. 전장에서의 끔찍한 경험으로 인해 자신에게 소량이나마 있던 뒤틀린 심성이 본격적으로 발휘된 자작의 한 부분은 가벼운 죄인도 무차별하게 처형하고, 모든 것들을 반쪼가리로 만들어 버린다.

이 모습을 지켜보는 '나'가 이 소설의 화자였다. 메다르도를 외삼촌이라고 부르는 어린아이이다. 나, 그리고 나와 함께 다니는 메다르도 삼촌, 즉 외삼촌은 여러 사람들을 만난다. 그들은 모두 반쪽으로 이루어져 있었다. 외삼촌이 멀쩡하던 시기에는 보이지 않던 그들의 반쪽짜리 모습이 드러난다.

위그노인들은 신앙이 무엇인지도 모르면서 신앙을 외치고, 문둥병 환자들은 쾌락을 위해 사회적 평판을 버리고, 마을의 유명 의사는 생태계 탐구를 의료 생활보다 중시했다. 이들 모두는 외삼촌과 동일한 반쪽짜리 인간이었다.

어느 날 외삼촌의 망가져 있었던 다른 한쪽이 다시 작동하기 시작했다. 반쪽짜리였던 그는 반쪽 2개로 이루어진 사람이 되었다. 반쪽만 있었을 때는 미치광이로 여겨지며 최악이나 다를 바 없었던 메다르도 외삼촌에 대한 평가도 점차 나아지고, 이내 그는 자신이 반쪽이었을 전부터 사랑했던 파벨라라는 이름의 여자아이에게 청혼하게 된다.

청혼 후 외삼촌의 반쪽과 다른 반쪽끼리 격하게 싸우고, 마침내 선한 반쪽은 뜯겨 나간 후 재구성되어 완전히 외삼촌 속으로 오게 된다. 이 장면은 진짜 한 사람이 반반씩 갈라져 싸우는 것처럼 묘사되어 있지만, 워낙에 비현실적으로 묘사되어 있어 조금 이상한 느낌이 들었다. 이후 외삼촌은 다시 나라를 제대로 다스리려 하지만, 인격의 싸움 이후 그는 더 이상 나라를 다스리는 방법을 잊어버린 듯 했다. 그러한 몇 년 사이 '나'는 사춘기가 되어 있었고, 떠나는 의사를 향해 자신과 함께 가 달라고 외치며 이야기는 끝난다.

이 작품은 인간의 인격에 대한 작가의 고찰을 다루고 있다. 인간은 모두 선한 부분과 악한 부분을 가진다. 작품 속 모든 인물의 선한 부분은 악한 부분에 침식되어 있었고, 그것을 극복하는 것이 목표처럼 보였다. 그러나 작가는 마지막 부분에서 외삼촌이 선악이 공존한 이후 마을을 제대로 통치하지 못했다고 묘사했다.

작가는 선과 악의 공존이 해답이 될 수 없다고 생각했다. 오히려 악인이었던 때가 그에게는 어울렸다고 말하며, 선악이 공존한 상태보다 더 살아 있는 느낌이 들며, 생생하다는 느낌이 들었다. 선악이 공존하며 이 느낌은 퇴색되었다. 순수히 반쪼가리로 있었던 반쪼가리 자작일 때가, 선한 것처럼 보이는 선악 공존 상태보다 낫다는 것이 작가의 생각인 것 같다. 나는 작가의 생각에 대해 아직 이해하기 어려워, 조금 더 문학에 대한 생각을 잘 정리할 수 있을 때 다시 읽어 보고 싶다.

▲ 파리대왕

윌리엄 골딩

현대 사회는 갈등의 사회가 되어 버렸다. 더 이상 이성적인 대화와 협력적인 행동보다는 맹목적인 추종을 통한 편 가르기와 상대방에 대한 비난이 더 인정받는 시대가 왔다고 생각한다. 소설《파리대왕》은 이러한 공동체 사회에서의 부정적인 모습을 제대로 보여 준다. 이 소설은 2차 세계 대전을 끝내고 냉전으로 긴장된 사회를 풍자하고 있으며, 2차 세계 대전 직후의 사회가 아닌 현대 사회에서도 생각해 볼 만한 질문을 던지고 있다.

소년들이 비행기를 타고 가던 도중 비행기가 추락해 무인도에 불시착한다. 놀랍게도 많은 소년들이 살아남았고, 그들은 곧 무리를 짓기 시작한다. 처음에는 나름 똑똑했던 피그와 랄프 둘이서 리더십을 발휘해 소년들을 이끈다. 랄프는 섬을 탐사한다. 그 후 이 섬에서 영원히 살아가는 것은 어려우니 불을 피워 지나가던 배를 잡자는 의견을 낸다.

하지만 이 의견에 불만족했던 사냥 담당 잭은 랄프의 의견에 반대한다. 급기야 잭은 자신을 리더로 떠받드는 새 무리를 만든다. 그리고 동물들을 사냥해 고기로 랄프의 무리의 사람들을 유혹한다. 랄프의 불 피우기 계획을 따르기보다 고기가 더 만족스러웠던 소년들은 점차 잭의 무리로 넘어가 폭력적인 잭의 모습을 닮아 간다.

잭은 랄프와 같이 이성을 유지하려는 사람들을 죽이기 시작한다. 그들이 두려워했던 신비로운, 주술적 존재인 짐승의 정체를 알리려던 사이먼도 그들이 불 앞에서 춤을 추며 미쳐 있던 사이 죽이는가 하면, 안경을 빼앗겨서 시야가 흐린 피그에게 돌을 굴려 피그는 그대로 죽어 절벽 아래로 떨어진다.

잭은 보편적인 기준으로서는 악한 사람이다. 그는 사냥과 즉결 처형, 방화와 같이 폭력적인 방식으로 무리의 우두머리가 된다. 현대 사회에서 이러한 행동을 하는 사람들은 전부 부정적인 시선을 받을 것이다. 그러나 무인도라는 생존 위기 상황에서도 이성을 유지할 수 있는 사람이 얼마나 있을까? 랄프의 입장은 우리의 관점에서 보면 지극히 정상적이다. 그의 주장은 불을 피워 배들이 자신들을 구출해 내도록 하는 것이었다. 하지만 소년들은 당장은 소득이 없는 불 피우기보다 고기로 배를 채우며 폭력적인 사람이 되기를 선택했다.

현대 사회에서도 이러한 모습이 나타나는 것 같다고 생각이 들었다. 사람들이 점점 더 배타성을 띠고, 타인에게 적대적이며, 당장은 힘들더라도 결국 모두가 행복한 방식보다는 미래를 희생해 현재를 챙기는 방식을 선호한다. 작중 배경은 무인도였지만, 적어도 현대 사회는 무인도만큼 신체적으로 위기에 처해 있지는 않다고 생각한다. 하지만 정신적인 면으로 생각해 보면 조금 다르다.

갈등들이 점점 심각해지고 있다. 갈등들은 사람들의 정신을 피폐하게 만드는 것은, 갈등의 최전선에 있는 극단주의자들 때문이다. 이들은 작품 속의 잭처럼 반사회적인 의견을 당당히 내고, 반사회적인 행동을 보편적인 정의에 부합하는 행동인 양 최대한 좋은 말로 포장한다. 또한 작중의 고기처럼 당장 보기에 좋은 것을 주장해 사람들이 자신들의 편이 되도록 한다.

작중 불을 피우는 것은 이러한 장면의 연장선상이다. 현실 사회에서도 자신들의 주장과 그것을 좇는 사람들을 만족시키기 위해 과격한 행동을 서슴지 않게 하는 사람들이 있었다. 불을 피우는 것은 이러한 것을 과장해 보여 준다고 생각한다. 분명 자신들을 파멸시키는 행동임에도, 불을 피우는 순간의 만족감을 위해 거리낌 없이 행하는 것은 무지해 보이면서도 현실에서도 비슷한 행동이 보인다는 것이 떠오른다.

윌리엄 골딩은 나라를 지킨다는 마음으로 영국 해군에 입대해, 전장에서 싸우는 동료와 적들을 보게 된다. 《파리대왕》의 인물들의 잔혹한 모습은 그가 전장을 누비면서 본 모습과 크게 다르지 않을지도 모른다. 전쟁에서 장군들은 이성적인 판단을 할 수 있다. 전장에 직접 나가는 것이 아니기에, 직접적인 생명의 위기를 느끼는 것이 아닐 것이기 때문이다. 하지만 일반 병사들은 그런 것보다 당장 앞의 적을 죽여 자신의 목숨을 도모하는 것이 우선이다.

극단주의자가 위험한 이유는 이곳에 있다. 히틀러의 사례나, 1930년대 군부 시대 일본과 같은 극단주의자들은 전쟁을 일으켰다. 이들의 행동이나 사상은 그럴 듯해 보일지 몰라도, 어떠한 큰 이득도 전쟁으로 인한 손해를 덮지 못한다. 인간을 가장 가혹한 곳으로 몰고 가서 가장 가혹한 행동을 하고 또 당하게 만든다면, 그 전쟁의 승패와 상관없이 많은 사람들이 고통에 빠지게 될 것이다.

2022년 2월 우크라이나에서는 전쟁이 일어났고, 이제 1년 좀 안 되게 전쟁이 지속되고 있다. 수만 명의 사람들이 사망하고 또 부상당했다. 한국과 같은 도시에서는 한 건만 일어나도 화제가 되는 범죄들이 우크라이나에서는 현재에도 일상적으로 일어나고 있다.

많은 사람들이 끔찍한 삶을 살아가고, 전쟁 속에서 점차 피폐해지며, 작중 잭의 무리들처럼 이성을 잃어 가게 되고 있다. 작중에서는 끝내 섬에 불을 질러 버리는 것처럼, 극단적으로 가면 핵과 같은 위력적인 무기를 거리낌 없이 휘두를 수도 있다. 여러 변수와 사정들 때문에 전쟁을 끝낼 수 없다고 말하지만, 그럼에도 최대한 평화롭고 안정적으로 전쟁이 하루빨리 끝날 수 있기를 바라며, 또한 우크라이나 전쟁 외에도 여러 갈등들이 강경한 대응을 하는 것이 아닌 평화로운 대응이 되길 바란다.

▲ 황제를 위하여

이문열

정 처사라는 사람이 있었다. 그는 고약한 마음씨를 가진 사람으로, 흰돌마을이라는 작은 마을로 들어오게 된다. 그는 자신의 성씨를 이용해 자신이 낳게 될 아들이 비범한 아이가 될 것이며, 장차 멸망할 조선의 뒤를 이어 황제가 될 것이라는 허무맹랑한 소리를 한다. 잠깐 마을 주민들에게 사기를 쳐 한탕 챙기고 빠져나가려 했던 정 처사의 사기 행각이었다.

그러나 생각과 달리 마을 사람들과 그의 아들은 황제와 황제가 태어난 주민이라는 정 처사의 사기 행각을 진지하게 믿는다. 그의 아들은 고전 사상에는 뛰어난 사람이었다. 하지만 그것뿐, 현대 사회에서는 뜬구름 잡는 소리였던 고전 사상은 리더자가 되기에는 부족한 자질이었다. 그럼에도 그는 굴하지 않고 자신의 학문을 이용해 최대한 황제 행세를 하려 노력한다.

황제는 천하를 지배하고자 하는 야욕이 있었기에, 흰돌마을에서 자신의 지배를 그치려 하지 않았다. 최대한 넓은 땅을 지배하고자 새로운 학문을 배우기도 하고, 나라를 지배하려 했던 일본군과 농기구를 들고 용감히 싸우기도 했다. 물론 총 한 방에 병사 스무 명이 달아났지만 말이다. 만주로 가 자신이 황제라는 것을 밝히고 착각한 몇몇 사람들의 힘으로 잠시 큰 세력을 가지기도 한다. 6.25 전쟁이 터지자 북한에 있다가 남한으로 피난 오기도 한다.

 황제가 겪은 일은 근대 한국사의 모습이었다. 이문열은 그가 걸어온 삶을 보여 주는 것으로 19세기 후반부터 20세기 중반까지의 한국의 모습을 보여 줬다. 황제는 자신이 황제인 것처럼 행동했기 때문에 여러 상황에서 남을 훈계했으며 또 비판했다. 거기에 황제는 고전 사상을 이용해 자신이 먼 옛날의 황제인 것처럼 말했다. 이런 모습은 나같이 일반적인 사람들의 모습으로 봤을 때는 웃기지만, 또 그것이 정곡을 찌르는 면이 있다.

 마지막에 황제는 죽게 되는데, 6.25 전쟁 이후 흰돌마을에서 살다가 사기를 당한 그는 서서히 정신을 차리기 시작했다. 그러고는 자신이 황제라는 것은 다 헛된 말이었다는 것을 깨닫는다. 그렇지만 그를 진심으로 따랐던 몇몇 때문에 그는 끝까지 황제로서 행동한다.

 작중 황제를 보면서 든 생각은 완전히 현대인들과 반대되는 인물이라는 것이다. 일단 그를 황제가 아닌 한 사람으로서 놓고 본다. 자신을 황제라고 착각하고 자신의 권위를 높이는 그의 성격과 반대되게, 현대 사회로 올수록 개인은 소외된다. 또한 현대 사회에 와서는 지적 과시용으로는 소비되나, 실제로는 학자들 외에는 깊게 관심 가지지 않는 고전 사상을 좋아하는 것도 그렇다.

  현실에 순응하지 않고 현실에 부딪히면서 여러 번 상처가 나는 모습도 반대되는 모습이라고 하면 할 수 있다. 소설 후반부에 현대인들의 모습을 한 대학생들이 등장하는데, 그들은 숲속에서 노래를 들으며 춤을 추고 있었다. 이를 본 황제 세력은 그들을 꾸짖는다. 심지어는 그들을 상대로 싸워 이기기도(물론 대학생 쪽이 봐줬지만)했는데, 일본군 두 명한테도 처참히 패배할 정도로 황제 세력을 희화화한 작중 황제 세력의 모습으로서는 의외였다.

  마지막 부분을 보면서 뭔가 그가 안타깝다는 느낌이 들었다. 그 이유는 아마 내 삶과 반대되는 모습이 아닐까, 라고 생각했다. 그의 행동은 우스꽝스러웠고, 자신감이 지나치게 높았다. 하지만 나는 그러한 것을 전혀 가져 보지 못했다. 그렇기에 그의 황제로서의 삶이 동정감이 들었고, 점차 현실에 순응하는 모습이 왠지 모르게 안타깝다는 생각이 들었다.

▲ 밤으로의 긴 여로

유진 오닐

《밤으로의 긴 여로》의 제목에서 '여로'라는 단어의 뜻을 잘 몰라서 뜻을 찾아봤다. 여로는 여행이라는 뜻이었다. 여행이라는 뜻을 알고 제목을 보니 제목의 의미가 이해가 되었다. '밤'이라는 부정적이고 어두운 분위기 속에서 나아가는 작품의 모습과 어울리는 제목이었던 것이다.

작품은 한 가족의 이야기였다. 가족의 가장이자 아버지였던 제임스 씨는 좋은 배우였지만, 좋은 가장으로서의 역할은 수행하지 못했다. 그는 돈에 심하게 집착해, 자신의 아내와 작은 아들의 병을 돌팔이에게 맡기며, 땅 사는 것에만 집착한다. 그의 아내였던 메리는 첫째 아들 제이미를 낳다가 모르핀에 중독되었고, 수녀원 시절을 그리워하며 안정적인 집안을 원한다.

제이미는 막장이었던 아버지와 정신적으로 불안한 어머니에 지쳐 반골 기질이 생긴 첫째 아들이었다. 둘째 아들은 작가 이름과 같은 유진이었지만 7살 때 홍역으로 죽었다. 셋째 아들은 에드먼드로, 몸이 약한 아들이었고, 이런 막장 가족의 하루를 보여 주는 작중 시점에서는 폐결핵을 앓고 있었다.

넷은 아버지의 돈 욕심으로 인한 불안에서 시작된 나름의 정신적 고충을 겪고 있었다. 작중 네 가족들은 여러 번 싸웠다. 메리는 유진을 죽인 것이 자신을 모르핀 중독으로 만든 돌팔이 의사 탓이라 생각했다. 제임스는 반골 기질을 지닌 제이미를 싫어했고, 제이미는 부모의 사랑만을 받고 자란 에드먼드에 대한 증오를 가지고 있었다.
에드먼드는 몸이 아픈 것이 그 자체로 고충이라고 생각한다.

소설의 시작 부분부터 드러나는 이 고충들은 소설이 진행되면서 점점 서로의 고충을 더해 준다. 마치 이들은 서로가 남인 것 마냥 험악하게 말싸움을 했다. 마지막에 가서는 술과 마약을 통해 서로의 마음을 드러내며 나름대로의 사과를 하지만, 결국은 그러한 것들 없이는 이 가족은 계속해서 서로가 서로를 고통스럽게 할 것이라는 생각이 들었다.

어떤 가족이든 일단 남이기 때문에 서로 싸움이 있을 수 있다. 서로를 완전히 이해하는 가족은 없다. 《밤으로의 긴 여로》에서는 이러한 가족의 모습을 과장한 작품이라고 생각한다. 실제로 우리 가족은 서로 다른 특징과 고충을 가지고 있고, 작중의 가족만큼은 아니더라도 그러한 것들로 가끔 싸우기도 한다. 또한 후반부에서 나타난 술을 먹음으로써 서로가 꺼낼 말들을 꺼내는 것까지 우리 가족을 닮았다.

그럼에도 우리 가족은 19년째 큰 문제없이 살아가고 있다. 그것은 우리가 서로를 가족이라고 생각한다는 구성원끼리의 유대감이 있기 때문이다. 하지만 작중 인물들끼리는 가족이라는 유대감은커녕 어느 날 집을 뛰쳐나가지 않으면 다행일 정도이다.

   가족이라는 공동체에 빗대었지만, 꼭 가족이 아니어도 소설과 같은 암울한 상황은 어떠한 공동체든지 일어날 수 있는 일이다. 나 역시 살면서 수많은 공동체에 속해 있을 예정이기에 맞닥뜨릴 수 있는 일이다. 나는 적극적인 성격을 가진 사람은 아니지만, 그럼에도 만일 이런 상황이 생기면 내가 어떻게든 풀어 봐야겠다는 생각도 들었다.

▲ 노르웨이의 숲

무라카미 하루키

주인공 와타나베는 비행기에서 죽은 여자친구 가즈코가 좋아했던 노래가 나와, 그것을 고통스럽게 들으며 과거를 회상한다. 주인공은 인생의 목표가 없이 막연하게 대학에 들어와 하루하루를 의미 없는 듯 살아가고 있었다. 고등학생 시절에는 자신과 친했던 가즈키, 그리고 나오코와 함께 있으며 행복한 나날을 보냈지만, 어느 날 가즈키가 자살하고는 나오코와의 관계도 서먹해지고, 그리고 자신조차도 우울한 상황에 처하게 된다.

소설 시작 부분에서 주인공과 나오코는 연인이었지만, 연인다운 모습을 보여 준 적은 없다. 물론 둘은 꽤 오래된 인연이었기에 어느 정도 연인 상태를 유지할 수 있었다. 하지만 결국 연인의 시작점이 가즈키의 자살이었고, 나오코가 가즈키를 잊지 않고자 맺은 관계였기에 둘의 연애는 여타 연인들과 다르게 부정적으로 진행된다. 죄책감, 슬픔, 후회와 같은 감정으로 이루어진 사랑이었지만, 가즈키를 서로 잊지 못해 그 추억의 하나였던 인연이라도 잡지 않을 수 없던 것이다.

그래서인지, 소설에서는 둘은 진정으로 사랑하고 있지만, 주변 사람들의 주인공에 대한 호감을 보여 준다. 또한 나오코가 가즈키가 죽으면서부터 앓았던 정신병이 심해지는 등의 묘사도 나타났는데, 이는 서로 간의 관계가 비극으로 끝날 것이라는 부정적인 결말을 암시하고 있었다. 절대 이어질 수 없음을 간접적으로 묘사한 것이다. 나오코는 정신병원에 입원하여 둘의 만남은 점차 그 빈도가 줄어들었고, 어느 날 나오코는 목을 매달아 자살한다.

주인공은 미도리, 나가사와 등의 여러 사람들을 만난다. 그리고 역시 그 사람들과도 친분을 쌓는다. 어떻게 보면 나오코와 연결된 것보다도 더 단단하게 연결된 것 같아 보이기도 하며, 이들은 나오코와 주인공의 연결을 약하게 만드는 데 간접적으로 일조하기도 한다. 이들이 주인공과 친하게 지내며(나오코에 대한 악의는 없다.), 나오코는 점차 주인공 곁에서 멀어진다. 이 책의 한국어판 제목은 《상실의 시대》이다. 그리고 책에 대한 설명으로는, "상실과 재생을 위한 감동적인 메시지를 담고 있기 때문이다."라는 말이 덧붙여져 있다.

위에서 나오코가 심해진 정신병의 고통 끝에 자살하게 된다고 설명했는데, 나오코가 자살하기 얼마 전 막상 나오코는 주인공의 모습을 칭찬해 줄 수 있을 정도로 괜찮은 상태였다. 즉, 죽기 몇 시간 전까지 자살할 것이라는 것에 대한 암시를 전혀 보이지 않았던 것이다. 나는 나오코가 스스로 죽은 것은 필연적인 것, 그러니까 작가가 만든 죽음이 아닐까,

라고 생각한다. 물론 작품 내에서는 정신병에 의해 돌연 자살한 것으로 나온다. 작가가 자신의 생각을 그녀의 죽음과 그것에 대한 인물들의 반응을 통해 사랑을 표현하기 위해 강제로 죽인 것이라는 생각이 들었다. 즉, 외적으로는 그 이상의 의미를 담고 있는 것이다.

나오코로 인해 미련을 버리지 못하며 고통받는 주인공을 작가가 해방시키기 위해 '의도적으로' 자살을 하게 한 것이다. 이는 자살 몇 시간 전 작가가 묘사한 긍정적인 나오코의 모습에서 알 수 있다. 위에서 말한, 죄책감, 슬픔, 후회 등으로 매여 있는 매듭을 끊음으로써 얻는 고통을 승화하여 새로운 매듭을 지어 나가는 것을 작가는 표현하고 싶었던 것이다. 그렇기에 주인공은 슬픈 과거의 모습인 나오코와 더불어 현재의 자신을 도와주는 미도리를 연애 대상으로 삼았다. 나오코가 정신 병원에 있는 동안 와타나베는 나오코를 만나지 못하지만, 다른 한편으로는 또 다른 인연을 만들며 그녀에게서 빠져나오려고 한다. 나오코의 자살은 안타까운 죽음이지만, 주인공에게는 새로운 삶의 시작이었다. '상실'과, 그에 따른 '재생'이라는 책의 소개란과 일치하는 대목이다.

물론 이런 식으로 내 나름의 해석을 대입하지 않더라도 충분히 재밌던 소설이다. 딱히 어렵게 쓰이지 않았기에 더욱 읽고 해석하여 내 나름의 뜻을 담기 좋았던 것 같다. 어쩌면 이것 또한 의도한 것일지도 모른다. 비극적인 내용일 수도 있지만, 작품에서는 꼭 어두운 분위기만을 묘사하지 않았다. 오히려 작품에서 처음 나온 주인공 외의 인물은 매일 알 수 없는 기행을 하고, 이상한 것에 진심으로 꽂혀 있는 주인공의 룸메이트였다. 이런 장면 외에도 웃긴 부분이 있고, 그것이 적절히 소설에 녹아 있다. 전체적인 내용은 비극이었지만, 이상하게 마음은 편안하다. 작중 주인공의 느낌이었고, 또한 내 느낌이기도 하다.

▲ 싯다르타

헤르만 헤세

싯다르타는 어느 마을의 높은 귀족 계급으로 태어났다. 신분제 사회였던 당시 인도에서 귀족 계급은 절대적인 특권을 가질 수 있는 좋은 위치였다. 그렇지만 싯다르타는 평범한 귀족 청소년이라는 자리에 안주하지 못하고 불교적으로 더 미지의 세계로 떠나 보고 싶었다. 그랬기에 그는 순례를 떠나기로 결심한다.

첫 순례의 동반자는 자신의 친구와 순례하는 노인들이었다. 그러나 싯다르타는 그 사람들과의 순례에서 뭔가를 크게 느끼지 못한다. 친구가 말해 준 대현자에게도 가 보았지만, 그 시절의 싯다르타는 대현자에게서도 뭔가를 느끼지 못한 채 그를 인정하지 못한다. 싯다르타는 대현자를 따르려는 친구를 내버려 두고 홀로 순례를 떠난다.

그러던 중 싯다르타는 어느 마을에 도착했다. 마을에서 싯다르타는 순례의 열의에 가득 찬 과거를 없애고 점차 속세에 들어와 살게 된다. 그는 사랑할 때의 즐거움과 돈을 얻는 방법을 알게 된 채 40대까지 마을에서 살았다. 하지만 어느 순간 자신을 성찰해 보았더니, 그는 자신이 그토록 혐오했던 속세인과 별다를 바 없는 사람이 되어 버렸다. 싯다르타는 다시 한번 수행에 대한 고뇌에 빠지고, 결국 노년의 나이에 다시 불교적인 철학에 대한 고민을 시작한다.

여러 시련들이 그를 방해하였다. 순례를 버리며 얻은 모든 것들이 그의 두 번째 순례의 발목을 잡은 것이다. 그 모든 시련을 겪은 싯다르타는 어느 순간 뱃사공으로 전락했다. 하지만 그 과정 속에서 그는 깨달음을 하나둘씩 얻게 된다. 싯다르타는 마지막에 자신의 친구를 다시 만나고, 자신의 깨달음을 친구와 나눈다. 친구는 어느 순간 싯다르타가 해탈했다는 것을 알고 그에게 존경을 표한다.

싯다르타는 순례를 한다고 인지할 때도, 순례를 하지 않는다고 인지할 때도 순례를 하고 있었다. 싯다르타는 모든 것들이 나타나고, 변화하고, 사라지는 것을 보았으며, 그 과정 속에서 새로운 것들을 받아들이고 오래된 것들을 고치거나 버리기도 하였다. 초반부에 그는 순례를 떠나면서 불교에 대한 생각을 받아들였고, 자신의 귀족 계급을 버렸다. 중반부에 그는 삶의 경험이 부족한 상황에서의 섣부른 순례 경험을 버리고, 삶에서의 쾌락을 받아들였다.

후반부에 그는 삶에서의 쾌락에서 나온 아들을 키우지만, 아들은 자신의 재산을 가지고 도망갔다. 그는 뱃사공 바스데바와만 남게 되었고,

그와 배를 모는 상황을 얻게 되었다. 마침내 그는 해탈한 자가 될 수 있는 상황을 얻게 된 것이다. 그는 뱃사공 바스데바와 대화하면서 늙은 상황에서도 한 단계 더 성숙해 간다.

마침내 불상의 형상을 닮은 해탈한 자가 된 그의 모습에서 작가는 "전혀 돌파하지 못할 것 같은 시련이 왔을 때 그것을 돌파하는 것이 마지막 목표다."라는 말을 하려는 것이라는 생각이 들었다. 작가는 불교에 관심이 많았고, 또한 동양에도 관심이 많았다고 한다. 그는 자신의 자전적인 경험을 데미안에 담았고, 그 경험은 싯다르타에도 담겨 있다.

단지 그 그릇이 불교라는 특별한 재료를 사용한 그릇일 뿐이다. 작품 속에서는 불교와 관련된 용어나 인도인의 생활에 대해 나타나지만, 결국 그것이 말하는 것은 데미안과 다르지 않았다는 생각이 읽고 나니 들었다. 데미안 역시 알을 깨라고 말하였으며, 싯다르타 역시 자신의 아들을 떠나 보냄으로써 완전한 깨달음을 얻은 것이라 생각한다.

▲ 안개

미겔 데 우나무노

주인공 아우구스토는 한 여인을 사랑했다. 하지만 그가 사랑하는 여인은 아우구스토가 아니라 다른 사람을 사랑했다. 애매한 관계가 생긴 것이다. 그럼에도 아우구스토는 그녀가 사랑한 그 사람을 이기고 그녀를 사랑하고자 했다. 그녀가 그가 오는 것조차 꺼리는 것을 보며 아우구스토는 더욱더 큰 오기가 생겼고, 마침내 그녀의 집에 잡힌 저당을 자신의 돈을 이용해 없애기까지 한다.

그럼에도 그녀는 그에게 다가올 생각을 하지 않는다. 그러자 그는 그녀가 사랑이라는 감정을 자신에게 알려 준 것에 만족하고 자신의 사랑을 포기한다. 이후에는 그녀가 사랑했던 남자와 그녀의 결혼을 도와주려 한다. 그러나 그녀와 그녀가 사랑했던 사람과의 불화로 그녀는 다시 아우구스토는 결혼 요청을 받아들이려 한다.

이후 몇 번의 고뇌 끝에 아우구스토는 그녀와 혼인하고, 결혼식장까지 온다. 하지만 결혼 후에 남아 있던 것은 편지 한 장뿐이었다. 알고 보니 그녀는 그를 이용하고자 그에게 결혼한다는 말을 꺼낸 것이었다. 결국 그들의 혼인 생활은 아우구스토가 무한한 상실감에 빠져 자살을 생각하는 것으로 마무리된다. 이 순간, 아우구스토는 자살과 관련된 철학자 미겔 씨를 만나러 간다. 그 미겔 데 우나무노 씨는, 안개를 쓴 작가이다.

    미겔과 아우구스토의 만남에서부터 소설 속 배경과 현실은 혼동된다. 미겔 데 우나무노가 있던 곳은 아마 작가가 실제로 있던 곳을 묘사했을 것이다. 둘의 만남은 상상의 세계와 현실 세계가 융합한 것이었다. 그리고 그 융합된 세계 속에서 아우구스토는 자신이 소설 속 가상의 등장인물이라는 것을 알게 된다. 매우 큰 상처를 입어, 더 이상 살아갈 의지조차 없는 아우구스토는 그 얘기를 듣고는 자신과 대화하는 미겔 데 우나무노 박사야말로 소설 속 인물이라고 말한다. 이에 우나무노 박사는 그의 자살하고자 하는 의지를 조롱한다.

    미겔의 입장에서는 자신이 작가이기에 그를 자살시키지 않고 죽일 수 있었다. 그럼에도 아우구스토는 박사를 꿋꿋이 소설 속의 인물이기에 무슨 짓을 하더라도 자신을 어찌할 수 없다고 주장한다. 그러고는 오직 자신만이 자신이 자살할 방법을 안다고 말했다. 이에 우나무노 박사는 그의 자살하고자 하는 의지에 눌려 그 말을 수긍한다. 어쩌면 이후 그가 조용히 자살할 수 있던 것을 보아 우나무노 박사는 그의 의지를 존중한 것이라는 생각도 든다.

이후 아우구스토는 집으로 돌아갔다. 집에서 그는 자살을 시도하지 않았지만, 무언가를 먹다 보니 어느 순간 죽어 있었다. 이 역시 그의 의지의 표현이었다. 그는 자살하고자 하는 생각만으로도 죽을 수 있는 사람이었다. 이윽고 그를 부활시키려는 박사의 생각 속으로 이동하는데, 박사는 그를 부활시키려 하지만 그는 이조차 저지시킨 후 죽음을 넘어 완전히 사라진다.

　이 소설은 독자, 작가와 소설 속 등장인물 사이의 벽을 허문 이야기이다. 독자는 평범한 인물의 일대기를 관찰하는 사람에서 그 사람의 현실에서의 존재 의지를 지켜보는 사람이 되었고, 작가는 아예 소설 속 등장인물과 대화하게 해 독자가 아우구스토의 실존하는 인간으로서 죽겠다는 욕구를 지켜볼 수 있도록 독자와 인물 사이를 연결해 준다. 이 작품의 장르의 이름은 소설이다. 이는 과거 소설과 완전히 다른 서술 방식을 사용하여 소설의 경지를 한 단계 더 끌어올리겠다는 우나무노의 생각과 작품의 특이한 서술 방식을 함축시킨 단어라고 한다.

　아우구스토는 사랑과 자살이라는 강한 의지 표현의 방식을 가지고 있었다. 작품 시작 부분부터 끝까지 그는 자신의 허무한 이야기를 진실이라 생각하며 살아갔다. 내가 생각한 소설이라는 단어의 의미는 그가 독자인 내가 사는 세계, 자신이 사는 세계, 작가가 사는 세계까지 현실로 생각하면서 자신의 허무한 이야기가 이야기로 끝나지 않기를 바라는 의지를 표현한 것이라 생각한다.

작가는 그의 의지를 존중해 그가 자살할 수 있도록, 이야기가 허무하게 끝날 수 있도록 도와줬다. 나 역시 그의 이야기가 어떤 먼 나라의 한 남자의 비극이라 생각해야겠다. 그것이 작가와 아우구스토를 존중할 수 있는 방법이며, 또한 비극적인 이야기의 울림을 더 깊게 느낄 수 있기 때문이다.

🌲 나의 라임 오렌지나무

조제 마우루 지 바스콘셀로스

주인공 제제는 다섯 살 막내 꼬마 아이다. 제제는 자신 안에 있던 어린 마음을 악마로 표현하면서, 악마의 유혹으로 그는 장난을 친다. 작품의 배경인 브라질에서도, 한국에서도 볼 수 있는 순수한 아이였다. 하지만 그의 집안 사정은 그렇지 못했다. 그의 아버지는 실직당해 어머니가 대신 일을 하면서 살아가는 가난한 집안이었다. 자신의 무력함과 가족에 대한 미안함을 제제의 아버지는 견디기 힘들어했다. 그래서인지 제제의 아버지는 제제를 정말 많이 때렸고, 그런 집안 분위기에 동조해 그의 형과 누나들 중 한 명도 제제를 괴롭혔다.

제제는 반복되는 자신에 대한 학대에 질렸고, 아버지로 인정하지 않았다. 대신 자신이 의지할 수 있는 친구를 만들었다. 그 친구는 집 마당에 있던 작은 라임 오렌지나무였다. 라임 오렌지나무는 제제의 생각 속에서 말을 할 수 있었다. 제제는 밍기뉴라는 이름을 지어 주면서 친하게 지낸다. 초반부에는 밍기뉴가 제제의 안식처였다면, 중반부는 포르투가라는 아저씨가 그의 안식처였다.

첫 만남은 그의 차를 몰래 타려다 걸리면서 만나게 된 것이었다. 둘은 서로 좋지 않은 감정을 가지고 헤어진다. 하지만 이후 포르투가가 제제에게 관심을 가지며 다가갔고, 제제도 과거의 일은 뒤로하고 그와 만난다. 포르투가가 첫 만남 때 제제를 혼낸 것은 제제의 위험한 행동을 걱정해서였던 것이지, 제제의 아버지처럼 화를 풀기 위해 한 행동이 아니었다. 실제로는 다정한 성격이었던 포르투가에게 자신이 느끼지 못한 부성애를 느낀 제제는 그에게 자신을 양자로 삼아 달라는 말까지 한다.

　나는 제제보다는 훨씬 좋은 부모의 밑에서 자랐고, 또한 맏아들이었기에 나를 괴롭히는 형이나 누나도 없었다. 하지만 내게도 어렸을 때 엄청나게 맞았던 기억이 있다. 어린 시절, 엄마한테 막대기로 손바닥을 맞은 기억은 10년 정도가 지난 지금까지도 남아 있다. 제제한테는 이 기억이 일상적인 일이었다는 것이 떠오르자 안타까웠다. 그리고 같은 학원을 다니던 누나가 어른들의 심한 폭력에 휘말리다 끝내 뇌출혈로 죽었다는 이야기가 떠올랐다. 그 이후, 나는 남에게 폭력을 휘두르는 이유가 훈육하는 일이여도 약한 수준에서, 그것도 심한 잘못을 저지를 때만 가끔씩 휘둘러야 한다고 생각했다.

　한편으로는 나도 반성하고 싶은 것이 있는 것은, 나 역시 남동생이 있다. 작중 루이스처럼 앞니가 부러지게 때리진 않았어도, 내 동생 역시 나한테 많이 맞았다. 동생에게 화가 날 때면 등을 때렸는데, 짝 소리가 날 정도로 세게 때렸다. 어쩌다 힘 조절을 못 해서 그가 울려고 할 때면 책임지지 못한 채 방 같은 곳으로 도망쳤던 기억이 떠오른다. 그가 중학생이 된 이후로 나 역시 성장했기에 때리는 것을 멈추긴 했다.

하지만 아직도 내 동생은 내가 손을 들면 움찔한다. 다행히 그런 걸 쌓아 두는 성격은 아니었고, 그도 나한테 반격을 안 한 건 아니었다. 그럼에도 버르장머리 없다는 이유로 그를 때렸다는 것에는 미안했다. 장난이라고 표현하기에는, 그를 때린 이유가 그의 잘못을 훈육하려는 것이 아니라 그의 장난 때문이었다. 어찌 보면 내 엄마는 훈육을 목적으로 때렸던 걸 생각해 보면 내가 더 심한 걸지도 모른다.

이걸 쓰다 보니 내가 몇 십 년이 지나서 아버지가 되면 내 아들딸에게 무엇을 할지가 두려웠다. 나는 내 동생이 약했을 때 때리고, 그가 크자 때리지 못한 사람이다. 나도 아직까지 엄마한테 맞았던 것을 기억하고 있는데, 내가 혹시나 내 아들딸에게 상처를 주는 행동을 할지도 모른다. 이 소설도 읽었고, 인터넷 같은 곳에서 많은 아동 학대의 부작용 같은 걸 봤다. 그 케이스는 정말 많았다.

이 소설의 제제와 포르투가의 관계를 본받으면서 좋은 아버지가 되기 위해 노력해야겠다고 생각했다. 포르투가는 결코 제제를 이유 없이 혼내지 않았다. 작중 예시로 제제가 좋지 않은 비속어를 사용했을 때, 그는 무작정 때리기보다 우선 그것이 무슨 뜻인지 아냐고 물었다. 제제가 모른다고 대답을 하고 나서야 제제를 부드러운 목소리로 타일렀다. 그의 행동은 정말 이상적인 아버지의 모습이었다. 나도 나중에 저렇게 아들딸에게 자상한 아버지가 되었으면 좋겠다는 생각이 들었다.

🌲 광란자

조제 마우루 지 바스콘셀루스

《광란자》는 《나의 라임 오렌지나무》의 후속작인 줄 알았지만, 찾아본 결과 후속작이 아니라 먼저 나온 작품이라고 한다. 《나의 라임 오렌지나무》가 《광란자》의 프리퀄로 나온 것이다. 《광란자》에서의 주인공 제제는 타인과 적대적인 관계를 유지했다. 그런데 이러한 성격과 행동의 이유가 명확하지 않아 작가가 이유를 설명하기 위해 《나의 라임 오렌지나무》를 낸 것이다.

나는 이미 《나의 라임 오렌지나무》를 읽었다. 처음에는 만화로 접했고, 소설로도 읽어 봤으며, 오디오 북도 들어 봤다. 오디오 북은 내가 별로 좋아하지 않는 책의 형태였기에 별 감흥이 없었다. 하지만 만화와 소설로 읽었던 책은 어린 시절에 읽은 책임에도 여러 번 읽어 볼 정도로 재밌게 읽었다.

만화로 읽었던 것은 초등학교도 들어가기 전이었던 아주 어린 시절이었기에 눈물까지 났던 것 같다. 처음 도서관에서 《광란자》라는 책을 봤을 때, 《나의 라임 오렌지나무》의 철없고, 아픔을 가지고 있던 제제가 어떤 식으로 성장했을지 궁금해 바로 도서관에서 앉아서 시간 가는 줄 모르고 빠르게 읽었다.

《광란자》의 내용은 19살 제제의 5년 전 시점으로 시작된다. 제제는 5년 전 시점인 14세였을 때 이미 자유로워지고 싶은 마음을 가지고 있었다. 또한 자신을 속박하는 사람들에서 도망쳐 방황하고 있었다. 이는 5년 전 기억에서 처음 드러났고, 19세가 된 제제는 자유로워지고 싶은 생각이 극도로 강해져 거의 문제아 같은 상태가 되어 있었다.

자신을 구속하는 것을 싫어하였고, 자신이 원하는 대로 살아가고 싶어 했다. 이러한 제제의 마음은 주변인들과 갈등을 맺었다. 그의 가장 큰 문제는 그의 양아버지였다. 양아버지는 제제가 자신을 따라 의사가 되기를 바랐던 것이지만, 그는 수영을 하고 여자 친구를 사귀고 싶었던 것이다. 양아버지의 근심은 커져 갔고, 제제 역시 답답했다.

하지만 제제는 양아버지가 아무리 자신을 아끼셨어도 자신의 인생을 결정할 순 없다는 것을 정신없이 수영을 하면서 깨닫는다. 양아버지에 대한 마지막 존경으로 그가 병에 걸렸을 때 병을 지극히 간호하고, 이내 그는 양아버지한테 항구의 선원이 되겠다는 말과, 그가 반대한 여자 친구와 사랑도 계속하겠다는 말을 하면서 지원금을 부탁한다. 양아버지는 결국 제제의 부탁에 못 이겨 그에게 지원금을 내 주고 그의 여행을 축복해 준다.

　제제는 자유로운 영혼이 된 것이다. 그는 더 이상 착하고 장난을 잘 치는 아이는 아니었다. 5살의 제제는 14년이 지나 19살이 되었다. 하지만 그때와 같은 순수함과 자유분방함은 가지고 있는 것 같다. 그런 것들을 가진 채 그는 건강하게 성장한 것이다. 이내 사랑하는 사람과 연인 관계를 맺고 또 연인 관계를 쭉 유지할 수 있도록 과감한 결단을 내릴 수 있는 모습을 보여 준다.

　나 역시 어른이 되기까지 2년도 채 남지 않았다. 어린 시절에는 어른이 그저 무섭고 대단한 존재로만 보였지만, 그래도 지금은 어린 시절만큼 압도적으로 보이진 않는다. 하지만 여전히 부담스러운 것은 사실이다. 나는 어른으로서 다해야 할 책임을 견뎌 낼 수 있을지 여러 번 고민하고 있다. 미지의 세계로 떠나는 선원행을 용감하게 결심한 그의 용기를 본받고 싶다는 생각이 들었다.

▲ 오늘을 잡아라

솔 벨로

　토미라는 남자가 있었다. 그는 40대에 접어든 아저씨로, 무명 배우 생활을 전전하기도 했고, 회사에 취직하기도 했으나 현재는 무직인 사람이었다. 그에게 다가와 주는 것은 아무것도 없었고, 그가 도움 없이 좇고자 했던 것들은 달아나 버렸다. 그의 아버지는 어렸을 때부터 아들을 의대에 보내고자 강압적으로 키웠고, 현재 무직이 된 아들을 보고는 자신의 아들로 인정하지 않는다.

　그의 아버지는 부족한 재능에 무명 예술가로 사는 딸한테도 똑같이 대했다. 그는 돈을 버는 것이 유일한 삶의 이유인 것처럼 사는 것이었다. 토미를 배우로 캐스팅하려 했던 남자는 사기꾼이었고, 배우 생활을 실패한 후 취직했던 회사에서도 그가 세운 공로를 인정하지 않은 채 그의 직위를 깎아내리기는 사람들이 많이 있었다. 그는 자신의 연속된 실패에 지쳤고, 본래는 어리석은 사람이 아니었음에도 무턱대고 한 박사에게 전 재산을 선물 거래를 맡기는 위험한 행동을 한다.

선물 거래를 맡긴 박사는 탬킨 박사였다. 결말부터 말하면 선물 거래에 맡긴 재산은 탬킨 박사가 다 가져갔다. 그러나 그 과정 속에서, 주인공은 때로 탬킨 박사에게 매료되어 자신의 미래를 긍정적으로 바라보기도 한다. 또한 그는 교회에서 시행된 장례식에서 시체에 대한 것이 아닌 타인에 대한 동정심으로 울게 된다. 탬킨 박사는 현실에 지친 주인공을 위한 매력적인 이상을 전달하려는 인물이었다.

  하지만 동시에 이상에 빠져 있는 주인공을 위해 가혹한 현실을 전달하려는 인물이기도 한다. 현실에 지쳤지만 그럼에도 주인공은 현실을 감당해야 하고, 주인공의 현실은 안정적인 미래도, 멋진 과거도 지운 채 불안정한 미래와 불행했던 과거만을 남겨 둔다. 이것이 제목에서 말한 '오늘'이다. 그렇기에 주인공에게 '오늘'을 잡으라는 말을 한 탬킨 박사의 말은 우리에게 하는 말이기도 하다.

  우리는 불행했던 과거와 불안정한 미래를 걱정하며 불안 속에 살아가지만, 우리가 고뇌해야 할 것은 현재의 상황이다. 현재의 상황이 아무리 부당하고 힘들어 보여도, 그 고통스러운 현재의 상황을 겪으며 성장해 가는 것이 인간이다. 부조리에 적응한 인간은 한 단계 더 발전한다. 발전의 거듭 끝에 인간은 자기 자신을 넘어설 수 있게 된다.

  자신의 존재가 현실에 가려지는 것을 부정하고 싶다면, 아이러니하게도 현실에 가려져 보아야 한다. 그 끝에는 작게 보이는 자신이 불안해했던 현실의 고통스러움에 대한 허무함을 찾을 수 있고, 그것을 완전히 받아들이면 행복함을 찾아낼 수 있다고 작품에서는 말하고 있다.

  나는 아직 내 결정으로 인생을 크게 실패해 본 적이 없다. 대부분은 엄마나 아빠의 결정이었고, 나는 그것에 따라갈 뿐이었다. 하지만 어른이 되면 둘의 품을 떠나 새로운 세상으로 나가 많은 결정을 해야 한다. 그중 하나는 내 인생의 길을 통째로 바꿀 수 있는 좋은 길이 될 수도 있지만, 자칫하다 길을 잘못 들 수도 있다. 하지만 꼬인 길도 길이다. 열심히 걸어가다 보면 언젠가는 다시 좋은 길로 걸어갈 수 있다는 것을 탬킨 박사의 '오늘을 잡아라'라는 말에서 느낀 것처럼, 나 역시 오늘을 열심히 살아야겠다.

🌲 혈의 누

이인직

옥련이라는 아이가 있다. 그 아이의 엄마는 딸 옥련과 남편을 미친 듯이 찾고 있었다. 끝내는 옥련을 찾으러 산속까지 가다 도둑을 만날 뻔했지만, 일본군에 의해 구출된다. 그 후 집으로 돌아와 둘을 기다리지만, 둘은 오지 않고 자신의 아버지와 다시 만나게 된다. 옥련의 엄마의 아버지, 할아버지도 옥련이가 사라졌다는 걸 알고 옥련의 엄마와 같이 슬퍼해 준다.

옥련은 청일 전쟁 시기에 피난길을 가는 사람들에 밀려 부모와 강제로 헤어진다. 그 후 부상을 당했다가 일본군에 의해 구출되고, 그 일본군의 부인의 집에서 산다. 옥련을 구출해 준 일본군은 죽고 옥련을 키우는 부인은 시집을 가고 싶었지만, 옥련이 불쌍해 그냥 남아 있기로 한다. 그러나 그 불쌍한 마음도 몇 년이 지나서 사라졌고 쓸쓸히 홀로 있는 것에 대한 슬픔과 옥련에 대한 분노만이 남았다. 이를 눈치챈 옥련은 집을 반 강제적으로 나와 아무런 생각 없이 지하철을 탄다.

그곳에서 미국으로 유학 갈 준비를 하는 조선인, 구완서를 만난다. 일본 땅에서 조선인을 만난 기쁨에 그들은 계속해서 대화하다가 이에 미국으로 가서 공부하기로 결정해, 둘은 미국으로 넘어갔다.
　미국에서 옥련과 완서는 열심히 공부했고, 똑똑한 옥련은 조기 졸업을 마친다. 이 조기 졸업 기사는 미국에 있던 옥련의 아버지에게까지 닿게 되고, 옥련의 아버지는 옥련과 재회하게 된다.

　이후 아버지의 편지로 옥련의 어머니, 옥련의 할아버지하고 옥련하고도 다시 만나게 되고, 옥련은 구완서와 약혼 후 미국에 체류하기로 결정하고 미국으로 왔던 옥련의 어머니를 다시 보내면서 어머니를 걱정하는 장면으로 이야기는 끝이 난다.

　옥련이 무엇을 의미하는가 생각해 보면, 그녀는 한국 사회를 의미하는 것이 아닌가 생각해 본다. 일단 작가가 친일 반민족 행위자라는 것을 감안해 작가의 생각대로 해석하면, 일본군이 초반에 옥련을 도와준 것은 이런 비유가 된다. '약한 조선을 일본이 메이지 유신을 통해 도와줬다.' 그 이후에도 그녀의 성장은 일본에서 이루어졌고, 또한 일본에서 이어져 미국에서 이루어졌다. 이는 두 나라에 대한 작가의 호의적인 관점이 나타난 것이라 생각한다.

　두 나라에서 들여온 교육이 옥련을 부모와 재회하게 만들었다. 부모와 옥련이 갈라진 상황을 힘이 없는 한국이라 생각하면, 교육을 받은 옥련은 힘이 생긴 상황인 것이다. 이는 작가의 생각이 아니더라도, 당시 많은 지식인들이 부강한 외국의 교육을 들여오자는 생각이 있었다. 부강한 데는 이유가 있다는 생각과 한국이 좀 더 강한 나라가 되길 바라는 생각 때문이었다.

 소설이 발매된 1909년이라면 크게 틀린 말이 아닐지도 모른다. 하지만 현재로 왔을 때는 의문점이 생기는 주제이다. 물론 교육을 포함한 외국의 문화는 필요하다. 해방에 전쟁까지 겪어 아무것도 남지 않은 한국으로서는 어쩔 수 없는 선택이긴 했었다. 하지만 요지는 나라를 발전시키기 위해 얼마까지 희생할 수 있냐는 것이다. 이미 우리나라는 나라를 발전시키기 위해 역사적으로 좋지 않은 관계임에도 불구하고 상당히 이른 시점인 1965년에 일본과 계약을 체결했다.

 물론 나라 발전에 도움이 되었을지는 모르지만, 이로 인해 일본은 사과해야 해도 모자란 역사적인 폭력에 대해 뻔뻔한 태도로 일관하고 있다. 이 문제는 정말 해결이 어려운 문제다. 일본은 이미 한국이 일본과의 교류를 과감히 단절하기 힘든 것을 알고 있기 때문이다.

 자국 중심주의와 사대주의 사이의 균형을 맞추는 것은 정말 힘든 일이다. 한국이 모든 것이 완벽한 나라였다면 좋겠지만, 한국에서는 얻을 수 없는 것들이 외국에는 있는 것이 현실이다. 그렇기에 어느 한쪽도 포기할 수 없는 우리로서는 선택이 필요하다. 이 문제는 우리가 생각하기보다는 정치인들이 더 적극적으로 해결해야 하는 문제이긴 하다. 나는 어느 당이든 우리나라에 도움이 되는 외교를 했으면 좋겠다. 그것이 쉬운 일은 아니지만, 적어도 어느 나라와 만나서 척을 치는 일은 없어야 한다.

정치인들 외에도 내가 해야 하는 일 역시 중요하다. 그들은 외국 것들과 우리 것들 둘 다 적절히 키울 것이다. 그렇다면 내가 해야 할 것들은 그것들을 선별하고 받아들이는 일이다. 내가 지나친 사대주의나 자국 중심주의, 아니면 혐오에 빠질 수 있다. 그렇다면 잘못된 문화를 받아들이거나 좋은 문화를 거부할 수도 있기에 이러한 생각들은 최대한 지양해야 한다고 생각한다.